JN058495

# 昭和ぐらしで令和を生きる

## 27人の[部屋・モノ・ファッション]403カット

平山 雄

303BOOKS

# [はじめに]
# 世の中が希望と活気に満ち溢れていた
# 輝かしい「昭和」の空気を再現します

「令和の昭和ぐらし」。本書のこのテーマは、以前から僕が一番出したかった本です。過去に出した2冊は、古い飲食店や街並みなどの昭和遺産を巡った記録本でしたが、その活動は自分の生活の中のほんの一部に過ぎません。ですが、今回は自宅の様子から、愛車、ファッション、仕事、休日の過ごし方、さらには昭和つながりの友人・知人まで、自分の生き様の360度を包み隠さずお見せします。ですので、本書はたんに昭和の魅力を伝えるだけのものではなく、「こういう生き方もある」という、一つのライフスタイル提案でもあります。

よく、「趣味はほどほどにしたほうがいい」とか「好きなことを仕事にしないほうがいい」といった、もっともらしい助言を耳にしますが、はたしてそういった考え方は本当に正しいのでしょうか。僕は、それらが必ずしも正解ではないと断言します。むしろ、これからの時代は自分らしさを捨てずに、好きなことをとことん追い求めたほうが生きやすいのではないか、とすら思います。

それにしても、ここ数年の昭和ブームには驚かされます。十数年前にも一度ブームがありましたが、今回の波の高さはケタが違うようです。日頃「Instagram」や「X」（旧・Twitter）などのSNSを見ていても、数え切れないほどの昭和ファンで溢れかえっています。たとえば、食器類や電化製品などお気に入り

の昭和グッズで部屋を埋め尽くしている人、古い街並みや飲食店などの昭和遺産をひたすら巡って写真を撮る人、まるで昭和時代からタイムスリップしてきたかのような古着を上手に着こなす人など、マニアのジャンルも多種多様です。

　そして、興味深いことにそれらの趣味趣向は、リアルな昭和を知らない若い世代にまで幅広く浸透しているのです。僕のような中高年であれば自然と昭和を懐かしく捉えるわけですが、そのような若者たちには昭和がどのように映っているのでしょうか。それは、世の中が希望と活気に満ち溢れていた輝かしい時代の空気を感じ取っての憧れなのでしょうか。

　あるいはシンプルに、クオリティが高いと感じているのかもしれません。いずれにしても、昭和時代に青春を過ごした世代にとっては大変嬉しい状況です。

　そのように世代を超えた多くの昭和ファンが、この令和という新たな時代でどのように昭和文化に夢中になっているか、なぜ昭和に魅了されるのか、本書の写真を見て、文章を読んでいただければわかって頂けると思います。

　家やファッション以外にも、マニア御用達のショップや、昭和中期の住宅や街を体感できる資料館なども盛り込みましたので、最後のページまでよろしくお付き合いください。

# 目　次

# 昭和ぐらしで令和を生きる

27人の［部屋・モノ・ファッション］403カット

# 自宅「昭和ハウス」を全面公開

# 友人13人の「昭和ファッション」

# 友人8人の「昭和ルーム」徹底解剖

# 友人4人のショップ紹介

# イベント

# 資料館

登場したみなさまの超絶なまでの
昭和没入愛・昭和探究熱に驚嘆
石黒謙吾

[おわりに]
音楽活動の挫折と「昭和活動」
好きなものを純粋に楽しむ大切さを痛感

\* \* \*

# 自宅
# 「昭和ハウス」を
# 全面公開

\* \* \*

# 外観・庭

　長年の夢だった「360度、昭和に囲まれた生活をする」ことを実現させるべく、2005年に、昭和時代に建てられた一戸建てを購入しました。

　場所は、埼玉県のど真ん中に位置する東松山市。建物は、昭和47年築／2階建て5LDKの「再建不可物件」です。庭の広さはそこそこあるのですが、公道に出るまでの私道の幅が狭く、車の出入りが少々不便です。再建不可なのはその

ためなのですが、土地に面している道幅が4メートル以下になると火災時に消防車が入ってこれないので、建物を建ててはいけないという法律があるのです（この一戸建ては法改正以前に建てられた家です）。

　この物件はインターネットで探したのですが、物件見学させてもらったところ、室内も期待どおりだったので、迷わず購入を決めました。

[左]「アース製薬　アース渦巻」のホーロー看板。以前に奥秩父をドライブ中、畑に落ちていたものを発見し、住人に了解を得て頂いてきました。モデルは「由美かおる」さん。

[右]引っ越してきた当初はステンレス製の新しいポストが取り付けられていましたが、当時の定番だった朱色のに取り替えました。やはり、古いもので統一しないと気が済みません。

外観のお気に入りは、ベランダ。せり出した塀に、タイルがぎっしり張られています。このタイルは高度経済成長期に流行したもので、当時の建築に多く使用されました。

ドアスコープの上には、フクロウの形をした金属製ハンガーが取り付けられています。引っ越してきた当初からあったものですが、気に入っているのでそのままにしてあります。

# 日当り良／築52年／交通不便／昭和感完備

玄関ポーチは、洋風の要素が取り入れられています。ドアの周りは全面ガラス張りになっていて、夜に室内の明かりを点けると、ガラスを覆う六角形模様の飾り格子が影絵のように浮かび上がります。この時代の住宅は今でも探せばありますが、玄関だけ改装されている場合が多いので、良さを理解しながら住んでいる人は意外と少ないのかもしれません。

# 玄関

内側は、計算されたデザインとは言い難い和洋折衷(せっちゅう)になっていて、この時代特有の野暮(やぼ)ったさが際立っています。僕にとって、この野暮ったさこそが昭和中期の最大の魅力です。

この頃、世の中は昭和30年代から始まった高度経済成長により、国民の暮らしも以前より豊かになり、デザインを楽しむ余裕が持てるようになってきていました。そして、建築はもとよりファッションや自動車など、様々な方面で海外のデザインが急速に取り込まれていったわけですが、それと同時に、日本人の未(いま)だあか抜け切れていないセンスが浮き彫りになった時代でもあったのでしょう。

そして、そのあか抜け切れていない部分こそが、いい意味で、当時を生きた人たちの感性そのものだと思うのです。

[左]「ナショナル」のフラワーペンダントライト。このプラスチックシェードは透明タイプですが、ほかにも、オレンジ色や青色などのカラーバリエーションが多数存在します。

[右]昭和時代の定番だった黒電話。ダイヤル回線にして、現在でも使っています。ベルの音が大きいのが苦手なので、分解してベルに直接セロハンテープを貼って音を小さくしています。

[左]以前、足立区・五反野にあった喫茶「あかしや」のママさんから、閉業の際に譲ってもらったものです。多少汚れていますが、汚れもお店の一部なので、あえて拭かずに飾っています。

[右]ポーズ人形は昭和ファンに人気があります。その魅力はたんにカワイイというだけでなく、ほかのものに比べて当時の雰囲気が伝わりやすいところにあるのだと思います。

# あか抜け切れていない昭和センスを愛でる

廊下がクランク状になっていて、玄関からは奥が見えにくい設計になっています。砂壁は世の中から姿を消しつつありますが、この時代の戸建てではまだまだ主流の仕上げ方法でした。触るとボロボロと粉が落ちるのが玉に瑕ですが、当時感があってお気に入りです。友人を招いた時などは、よく第一声で「おばあちゃんちみたい」と言われます（笑）。

# 洋室

　もともとは応接間として設計された部屋なので、玄関のすぐ脇にあります。

　壁は全面が板張りで、ちょっぴり贅沢な雰囲気。右手には、当物件の購入を決めた大きな理由でもある暖炉（だんろ）が備え付けられています。床に敷いてある青い毛足が短いカーペットは、どこを探しても売っていなかったので、専門店に相談して取り寄せてもらいました。やはり、この時代の洋室は、この色がよく似合います。

　チェアは定番の「60's カリモク」。このソファは現代ではおしゃれな家具として認知されていますが、当時は会社の事務所や待合室など、地味な場所で普通に使われていました。テーブルは当初、チェアとセットの長方形のを使っていたのですが、しっくり来なかったので、デンマーク製の三脚丸テーブルに取り替えました。

［左］「Dimple」の家具調掛け時計。地味ですが、部屋の雰囲気にピッタリです。電池式ですが、僕はめんどくさがりなので、長いあいだ、6時46分で止まったままです（笑）。

［右］鹿の剥製（はくせい）は、かつて神戸・三ノ宮の元町高架下商店街（モトコー）にあった、古いインテリアショップで購入しました。劣化が目立ちますが、状態よりも出逢いを大切にしています。

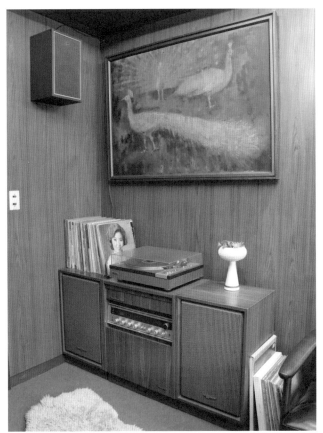

孔雀が描かれた大きな油絵は、リサイクルショップで購入しました。サインは「M.OKA」と書かれています。下にある「オンキョー」の家具調ステレオは、購入した昭和47年から使い続けていたのですが、この家に引っ越してきて間もなく故障してしまい、インテリアと化しています（汗）。そのため、現在は上に乗っているプレイヤーでレコードを聴いています。

## 家具調ステレオの圧倒的存在感

[左]当時物の造花は、古い店に飾られているものを譲ってもらうパターンが多いのですが、たまにお店の人に"ちょっと変な人"扱いされてしまうのがつらいところです（汗）。

[右]60年代の「Tokai」クラシックギター。昔はエレキばかり弾いていましたが、今はこのギターだけになりました。色具合が、ビザール感に溢れていてお気に入りです。

犬のぬいぐるみは、昭和40年代に流行りました。古物商という仕事柄、デッドストックをタダ同然で入手しましたが、現在は状態のいいものを見つけるのが難しいです。

ポーズ人形はレースフリルの付いたトーク帽や、朱色のポンチョケープがとってもおしゃれ。グラスに入った鳥の羽は、近所の動物園に落ちていたものを拾ってきました（笑）。

# 暖炉の上を昭和雑貨が彩る潤い

大阪万博「EXPO'70」で売られていた、パノラマ立体ビューア「PAN-PET」。双眼鏡のように中を覗くと、パビリオンなどの写真が立体的に見えて、非常に面白いです。

空気清浄機。学生時代に母親が、僕の健康を心配して買ってきてくれたもの。当時は気に入ってなく使いませんでしたが、今見るとけっこうカッコイイので、たまに使います。

「ナショナル」の脚付きテレビは、中の機械を取り外して、別の一昔前のブラウン管テレビをはめ込んでいます。「コロムビア」のポータブルレコードプレイヤーは、幼い頃に使用していたものと同型のものを、大人になってから再度入手しました。ぼんぼんのれんは、満足のいく色、デザイン、サイズのものを見つけ出すのに2〜3年かかってしまいました。

## 幼い頃にあった物を大人になって再度入手

ワンちゃんの爪切り。僕が幼稚園に通っていた頃に流行ったものなので、もう半世紀以上前のものです。目は手芸などによく使われる動眼。色が、現代にはない赤色です。

昔、奥秩父をドライブ中に立ち寄った土産屋のレジに飾られていたもの。売り物ではなかったのですが、お店のおばさんに頼んで譲ってもらいました。素材はソフビです。

## 昭和な幾何学模様は、
## 未来・宇宙のイメージから

4灯シャンデリアは、もともとこの物件に取り付けられていたもの。二段天井には間接照明が組み込まれ、天井板には幾何学模様が描かれています。この時代に流行した幾何学模様は、未来をイメージして表現されたのが発端です。時代的にアメリカのアポロ宇宙計画や大阪万博などの影響で、未来や宇宙への関心が高まっていたことの現れなのでしょう。

わりと最近に入手した「ナショナル」のポールライト。商品としての名称は「ポーライト」で、照明が3つのタイプも存在しました。突っ張り棒のようにバネで張る構造になっています。

ワイヤーで組まれた型に、水色のビニールリボンを編み込んで作られたナイトスタンド。下のほうに、色とりどりの造花が散りばめられているのが、とってもキュート。

19

# 廊下・階段

　玄関ホールの先にあるクランクを抜けると、廊下に出ます。実家を離れてからは狭いアパートやマンションにしか住んだことがなかったので、廊下のある家で暮らすことは憧れでした。

　廊下はむやみに飾り付けをすると家の中全体が散らかって見えるので、あえてシンプルにしてあります。板張りの床に敷いてある赤い毛氈（もうせん）は、ホームセンターで購入したもの。赤という色はとても派手ですが、廊下に敷くと品が漂うから不思議です。

　間取りについては、右手に和室、左手にはお手洗いと風呂場があり、奥に台所と小さな和室があります。家の広さについては申し分ないのですが、一つ欠点を挙げるとすれば、風呂場に脱衣所がないこと。そのため、風呂へ入る際は服を廊下に脱ぎ捨てます（笑）。

[左]和モダンな照明は、もともとこの物件に取り付けられていたもの。柱に掛けられた玄関ベルは電池式なので、電池が切れるとポストに配達の不在票がたくさん溜まります（笑）。

[右]闘牛の角（つの）は上野公園不忍池（しのばずのいけ）の骨董（こっとう）市で購入。不忍池の骨董市は関東最大規模で、数え切れないほどの出店が並びます。不忍池弁天堂には屋台も出るので、かなり楽しめます。

# 和室1

　我が家のメイン部屋です。幼少期はずっと畳部屋で暮らしていたので、畳は落ち着きます。

　奥の障子側は、もともとガラス張りの引き戸にカーテンが掛けられた状態だったのですが、和風色を強くしたかったので障子を取り付けました。照明が少々薄暗いですが、雰囲気を出すためにあえて60ワットの電球を使用しています。電傘はプラスチック製の安物です。今までに仕事で、数え切れないほど乳白ガラス製のものを仕入れたことがありますが、これに愛着があるので使い続けています。

　センターテーブルは、幼い頃に実家で使われていたのと同じものを、古道具屋で見つけて購入しました。カレンダーは現代のものですが、少しでも昭和の雰囲気を保てるように、昭和色の強い藤城清治氏のものを毎年使っています。

[左]「日立」のコンソールステレオは、ラジオが2つ内蔵された珍品です。かといって2局を同時に聴くことなどなさそうですが、昔は親子で別々の放送を聴いたのかもしれません。

[右]「ナショナル」のテレビは、洋室同様に中をくり抜き、一昔前のブラウン管テレビを入れています。ラビットアンテナは飾りとして置いてあるだけで、接続していません。

## 「当時らしさ」でリアルを求める
## 部屋づくりのコンセプト

ガラス戸の飾り棚が付いたタンスとサイドボードは、どちらもリサイクルショップで500円で買ってきたものです。いずれもデザインに一目惚れしたというよりは、昔はよく見かけたタイプのものだったので選びました。我が家の場合は部屋づくりのコンセプトが「当時らしさ」なので、リアルさを追求するには、そのほうが有効だったりするのです。

バンビの置物はペン立てなのかもしれませんが、一輪挿しとして使っています。ピース缶は、父親が生前に小銭入れとして使っていたもので、今でも半分まで古銭が入ったままです。

もう53年前のことですが、僕が大病で入院した際に、母親が見舞いに買ってきてくれたソフビ人形です。幼い頃から大切にしている所有物の中で、もっとも古いものです。

この猫の置物は、高崎白衣大観音の土産屋で見つけ、一目惚れして購入しました。観光地に行った際は、長いあいだ売れ残ったままの土産品を探すのが慣例になっています。

三毛猫親子の置物も、高崎白衣大観音の土産屋で発見し、救出してきたもの。親のほうは背が高く、30センチ以上あります。緑色の眼やサイケチックな柄がお気に入りです。

## 昭和な置物は、土産屋で見つけて「保護」する

僕が幼い頃、黒人のこけしは、どこの観光地に行っても土産屋に置いてあるほどの定番土産でした。そのため、眺めていると当時の家族旅行の記憶が鮮明に蘇ります。

群馬・館林の古い土産屋で見つけたカッパの人形。ポーズの異なるものが３つ売られていましたが、一番気に入ったものを選びました。今思えば３つ買っておけばよかったかも（汗）。

床の間は、漆喰が塗られた壁や凹凸がある床柱がお気に入り。広さは江戸間一畳分あるので、小ぶりな茶箪笥などを置いてスペースを有効活用しています。龍が描かれた大きな掛け軸は、ネットオークションで落札しました。ここへ引っ越してきた当初から掛け続けているのでだいぶ薄汚れてきましたが、気に入っているのでそのままにしてあります（汗）。

# 床の間といえば、掛け軸と剥製です

貝細工の鳥のカップルは、19年前に江ノ島の土産屋で見つけたもの。同じものがいくつか売られていましたが、あえて顔の出来の悪いものを選んで購入しました（笑）。

コブラとマングースの剥製は、本当に生きているようなポーズをしています。消火器は古いものではありませんが、床の間に似合うのでインテリア（！）を兼ねて置いてあります。

脱衣カゴやクズ入れなどのビニールワイヤー製の日用品は、幼い頃の記憶がリアルに蘇ります。ゴミ箱は内側が汚れやすいので、ポリ袋を針金でくくり付けて使っています。

「サンヨー」の灯油使用ストーブ。暖房はエアコンよりも石油ストーブ派です。その一番の理由は、身体の芯まで暖まるからですが、灯油の臭いも好きだったりします(笑)。

## 脇役的なものからも
## 子供時代の記憶が
## リアルに蘇る

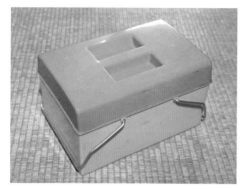

物心つく前から実家で使っていた薬箱。捨てられてしまう前に保護してきました。国鉄職員だった父親が仕事場から持ってきたようで、フタに「東京西鉄道管理局」と記されています。

熊が魚を担いだ鏡は、奥秩父の古い食堂の土産物売り場で購入しました。鏡が劣化しているので実用性はほぼゼロですが、見た目が気に入っているので飾っています。

# 和室2

　もともと和室ですが、洋風に使っています。ほかの部屋は2006年には完成していましたが、この部屋だけ2013年に仕上げました。

　昭和40年代は、洋室というものが庶民の住宅にまだまだ普及していなかった時代です。リアルな昭和住宅を目指す場合、洋室を使って部屋づくりをするのもいいですが、あえて和室から、当時の人が憧れた洋室に仕上げていくのも、当時らしさを出すのには有効な手段です。

　カーペットはうちの洋室同様、専門店で取り寄せてもらったものです。緑色は洋室の青色の次に実現したい色だったので、部屋づくりはすべてカーペットの色を基調に考えました。広さは四畳半なので、見た目が狭くならないよう、家具などは背の低いもので統一しています。木製チェアは、カーブしているアームがお気に入り。

[左]小さなサイドボードは、引き戸に壺や水差しが描かれているのがポイント。高度経済成長期の家具には壺が描かれたものが多いのですが、それも一つの流行りと言えそうです。

[右]桜島を描いた油絵の額は、この部屋にとても似合っていてお気に入りです。近所のリサイクルショップでたまたま見つけたのですが、格安だったので迷わず購入しました。

当初はシンプルなコーヒーテーブルを使って
いましたが、4年ほど前にこのテーブルに出
会い、一目惚れして交換しました。天板に描か
れた壺や花の雰囲気がたまりません。

この「日立」のレコードプレイヤーは、ボディ
が薄いの対し、脚がやたらと長く、とてもスタ
イリッシュです。ラジオの受信音は、若干エコ
ーがかかったような絶妙な音です。

## 和室から洋室に
## 仕上げていくのも
## 当時らしさの追求です

黒猫の靴ブラシは、草加市の古道具屋で見つ
けたもの。状態が悪く売れそうになかったの
で、かわいそうに思い家に連れてきました。ち
ょっとアホっぽい顔がお気に入りです。

陶器製のカッパのカップル。男の子がガール
フレンドに花をプレゼントして、プロポーズ
しているように感じます。女の子が照れて、ほ
っぺたに手を当てているところがカワイイ。

木製の吊り下げ式ラック。特に貴重なもので
はありませんが、探すと意外と見つからない
ものと言えます。中に入れてある『婦人朝日』
などの雑誌も、もちろん当時物です。

近頃は磨りガラスの入った木製の引き戸も、だ
いぶ見かけなくなってきました。タンスはた
またま立ち寄った、いわき市のリサイクルシ
ョップで見つけて購入したもの。

# グッとくる「当時物」を
# しぶとく見つけ出す
# 愉しみに酔う

薔薇の造花は、日立市をドライブ中に古道具
屋で見つけて購入しました。ラジオは「ナショ
ナル・パナソニック」製。真空管からトランジ
スタへ移行して間もない頃のものです。

この女性像も、左上のタンスと同じお店で購
入しました。おそらく昭和30年代から40年代
にかけてのものだと思いますが、この時代の
像は全般的に気品があって好きです。

# 台所

現代ではすっかり、「キッチン」という呼び方が定着していますが、昭和時代のそれはやはり、「台所」と呼んだほうがしっくりきます。

水廻りはほかの場所に比べ老朽化が早いため、この時代の物件は流し台が新しいものに交換されている場合が多いのです。けれど、幸いにも当物件は竣工当初から設置されていたものがそのまま残されていました。とは言っても、入居した時点で唯一修理を要したのが、この台所でした。床が一箇所だけ腐っていたのです。

業者に修理を頼めば済む話ですが、金銭的に余裕がなかったので、自分で直すことにしました。ですが、Pタイルを数枚剥がし、板を新しいものに張り替えるだけで簡単に直せました。築年数を考えれば、この程度の修理だけで済んだのは軽いほうだったかもしれません。

［左］「ゼネラル」製のトースター。以前、コンセントから漏電して停電になったことがありました（笑）。古い電化製品は電源コードが劣化していないか、日頃のチェックが大事です。

［右］「ナショナル」の食器乾燥機。現役活躍中ですが、食器から垂れた水が通る穴がよく詰まるので、たまにメンテナンスしてあげなければなりません。構造自体は単純なものです。

昭和47年製「東芝」の湯沸かし器。この家に住み始めてから8年目にして、ようやく気に入ったものを入手することができました。しかし、型が古すぎるためガス会社が取り付け工事を請け負ってくれず、自分で取り付けるハメに（汗）。初めて着火させた時は、爆発して家がフッ飛んだりしないかヒヤヒヤしましたが、大丈夫でした（笑）。

# 「キッチン」…NO!　「台所」…YES!

ガスコンロは、なんの特徴もないシンプルなデザインのものを探すのに苦労しました。ガス器具は、電化製品よりも安全面で慎重に考えるため、実使用へのハードルが高いです。

ダイニングチェアは、一見よくあるタイプのパイプ椅子に見えますが、脚がアイアン製の珍品です。かなり重たく、鉄脚が曲がらないように筋交い（すじか）が付いているのが特徴です。

電化製品はいずれも現役活躍中です。「日立」の電子レンジは、覗き窓が網目になっている古いタイプのものですが、温めるスピードが早く重宝しています。オレンジ色の小さな釜は、「東芝」製ゆで卵機。ゆで卵は普通にお湯でゆでる場合、ゆで上がりのタイミングが判断しにくいのですが、これはゆで上がると自動的に電源が切れる優れものです。

## 昭和アイテムの王様、有孔ボード

「タイガー」製の「氷削り器」。白木みのる氏が持っている黄色いヘルメットはもれなく付いてきたものですが、かき氷器と全然関係ないところに昭和のゆるさを感じます（笑）。

当時物の有孔（ゆうこう）ボードは、昭和な台所をつくるのに欠かせないアイテムの一つです。ボードに「リボン印」と書いてあるので、金物屋（かなもの）などの店舗で使われていたもののようです。

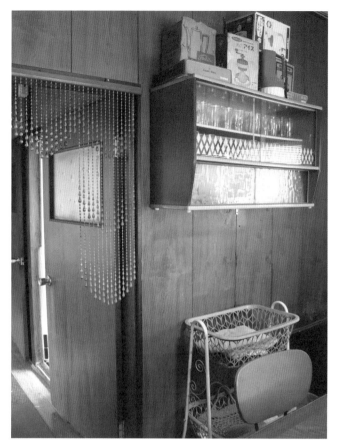

壁は全面が板張りです。ダイヤ模様が特徴的な壁掛け食器棚は、リサイクルショップで500円で購入しました。ビーズのれんは、骨董市でタダ同然で入手したものです。この時代の家具やインテリアも、この家に越してきた頃は超激安で買えました。しかし、ここ数年は昭和レトロブームの影響で、かなり相場が上がってきているようです。

# 細いつる草模様の、鉄の造作がたまらない

この時代の硝子コップは、デッドストック物に貼られているメーカーシールを見ると「アデリアガラス」(石塚硝子)や「佐々木硝子」などが主流だったことがわかります。

プラスチック製の古い脱衣カゴは現在でもたまに見かけますが、2段のラックになったものは珍しいです。パイプ脚にあしらわれた金具の、つる草模様がグッドポイントです。

食器棚は若い頃に買ったもので、30年ほど使い続けています。下段の黄色とオレンジ色のトレーは純正の付属品です。収納してある食器類も、もちろんすべて当時物。クレンザーやスプレー缶などは、使うためではなく、インテリアとして置いてあります。廃業寸前の日用品店でたまたま見つけたり、友人からもらったりしているうちに、いつの間にか増えてきました。

## 当時物の缶類は実用ではなくインテリアとして

[左]「三菱」のフラワーペンダントライトは、30年前に住んでいたアパートに取り付けられていたもの。引っ越しの際に大家さんに頼んで、新しいものと交換してもらいました。

[右]インテリアとして置いている「HI-C」初代デザインの未開栓。2005年に埼玉・入間郡の黒山三滝の売店で購入しました。当時はまだ、初代の瓶が新しい瓶に混ざって売られていました。

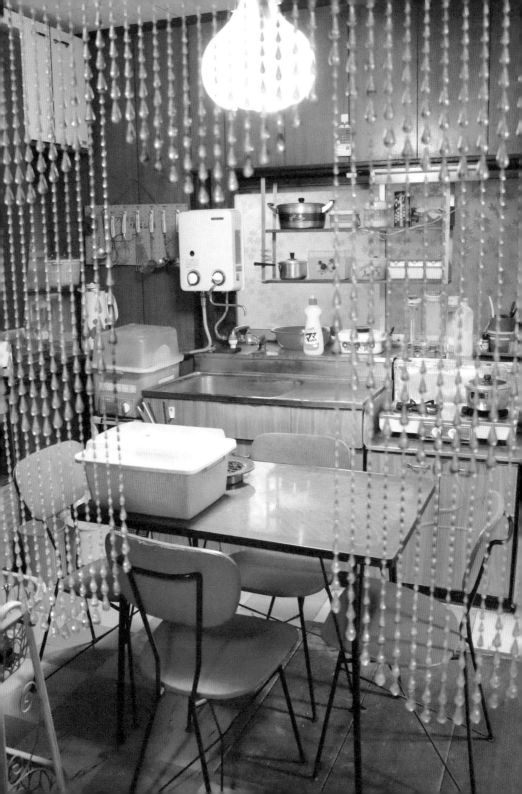

# 風呂場

　風呂場はリフォームされることが多い場所ですが、幸いにも竣工時のままでした。

　壁や浴槽の側面には、洋風のタイルが張られています。ですが、玄関同様に、和洋折衷と言えるような計算されたものではありません。時代の流れに合わせ、少しずつ「洋」の要素が取り込まれていった、変革期の自然な形です。

　浴槽はステンレス製。昭和50年代に入ったあたりから水色のFRPが主流になっていったと記憶していますが、当時は一般的な素材でした。ステンレスは熱を通しにくい性質があるため浴槽に適した素材ですが、逆に言えばお湯を沸かしても縁がなかなか温まらず、湯船に浸かった際に肘を置くとひんやりするのが難点です。ですが、それも懐かしい記憶と重ねれば、悪いものではありません。

[左]床は玄関と同じく、小石が張られています。毎日見ていると慣れてしまいますが、物件を下見した時は、あまりの素晴らしさに興奮したのを今でもよく覚えています。

[右]桶と椅子は定番の「ケロリン」。昔、銭湯でよく見かけました。これらは現在でも、昔とほとんど変わらないデザインで製造されていて、簡単に入手することができます。

風呂フタは、長いこと購入しないままだったのですが、数年前に市場でたまたま入手したものを使うようになりました。サイズや色もピッタリで、とても気に入っています。

リサイクルショップなどで安売りされている石鹸を見かけるたびに買っていたら、だんだん増えていきました。この時代の石鹸はパッケージデザインが、どれもおしゃれです。

## ステンレス製浴槽のひんやり感も懐かしい記憶

鏡は古道具屋で見つけたもの。鶴の絵が入っている感じから考えると、銭湯で使われていたものかもしれません。右手の壁にあるのは、プラスチック製の歯ブラシ掛け。幾何学模様になった青い透明の仕切りを歯ブラシの先端で持ち上げ、そのまま内側の穴にひっかけられます。上に歯磨き粉を置いたり、横のフックにコップを掛けたりできる優れものです。

# セカンドハウス

　自宅の倉庫部屋に仕事の商品を置き切れなくなってきたので、自宅と同じ埼玉県内に親戚が所有する一戸建てを去年から借りています。

　建物は昭和55年築／2階建て4LDK。多少傷んでいる箇所がありましたが、倉庫代わりに使うぶんには問題ありません。この物件はもともと建売住宅で、内外観共に和風色が強い造りになっています。玄関はコンパクトな＊数寄屋門が付いた二重構造。＊門かぶり松や目隠しの植木も和風建築に添ったもので、デザインコンセプトが明確です。建物の左手にはクルマ1台分のガレージもあるので、仕事にも適しています。

　じつは、この家を借りることにした理由がもう一つあります。今住んでいる自宅とは別に、またイチから昭和な部屋づくりをしてみたいと以前から思っていたのです。

[左]廊下は、あえて手を加えていません。傷んでいるところはほとんどなかったので、修理は必要ありませんでした。蹴込み板のない階段が、昭和時代の住宅ならではといった感じです。

[右]玄関土間の壁には、動物のイラストが入った「NHK教育テレビ」を彷彿とさせるフックプレートを付けています。クルマや自転車のキーなどが掛けられて、とても便利。

＊和風建築に見られる屋根付きの門。
＊和風建築の門にかぶるように植えられた松。

## もう一度、イチから昭和な部屋づくりを
## やってみたくなり2軒目に邁進

メイン部屋となる和室。当初は砂壁が傷んでいたので、抹茶色の漆喰を使って全面を塗り直しました。漆喰を塗るのは初めてのことでしたが、思った以上の出来栄えに満足しています。部屋の雰囲気を明るくするため、畳の上に、からし色のカーペットを敷きました。テーブルなどの家具類は、商品のストックの中から適当なものを選んで置いています。

赤い籠編みのスツールは座面が蓋になっていて、中が裁縫箱として使えるようになっています。おそらく昭和30年代のものですが、デッドストックのようで使用感がありません。

サイドボードは、ミッドセンチュリーテイストでありながらも小ぶりなところが和製っぽく、当時の雰囲気がよく出ています。コーナーラックは、中段の「＊ろくろ飾り」がポイント。

＊木材をろくろで回転させながら削って細工した飾りパーツ。

部屋の入り口と床の間を仕切る壁に設けられた丸窓が、古い旅館を訪れたかのようなワクワク感をもたらしてくれます。この丸窓は当物件を借りることにした大きな理由の一つでもあります。ランダムに組まれた竹飾りがとってもおしゃれで、見ていて飽きません。もとは障子戸が取り付けられていたのですが、開放感を優先して外したままにしてあります。

## 旅館風の竹飾りのある丸窓にワクワクして

デスクライト型の寒暖計は電球が入っていて、実際に点灯します。このようなフワフワの小さなスピッツも昭和中期に流行ったものの一つで、いろいろなタイプの商品がありました。

リサイクルショップで見つけた、陶器製の水差し型の一輪挿し。薔薇の造花は以前から持っていたものですが、もともとセットだったのではないかと思うくらい相性がいいです。

銀座駅の「マーキュリー像」を彷彿とさせる女性の横顔の置物は、フォルムが上品でお気に入り。黒人があしらわれた状差しには、古いポストカードや栞を差しています。

床の間スペースは、壁に飾り棚を取り付けたほか、下部に自作の収納を設置して*床脇風に仕上げました。左側には玄関へ通じるドアがあり、床には小石が張られています。

リサイクルショップで1500円で売られていて、迷わず購入した置き物。中に入っている小鳥がカワイイのはもちろんですが、ケース側面の透明な蛍光色がステキです。

*床の間の横に、棚、天袋、地袋などをしつらえた装飾空間。

メルカリで見つけた、猫の籠編み製置物。猫のグッズは昔も今も数多くありますが、ほかの何にも似ていない個性的な表情や雰囲気がとても気に入っています。

\*NHK「おかあさんといっしょ」の人形劇コーナー「ヤンヤンムウくん」(1973〜76年)に登場する熊のキャラクター。

お気に入りの油絵。サインは「K.TAKAGI」。調べても情報が出てこないので無名の方かと思われますが、表情や筆のタッチがとても味わい深く、いつまでも眺めていられます。

最近、骨董市で入手した、我が家の新しい仲間。パッチリした瞳と\*「ムウくん」のような朱色が、とってもツボ。今までに入手したぬいぐるみの中で、一番カワイイです。

和室の隣の部屋はもともと洋室でしたが、部屋をつなげて広く使いたかったので、和室と同様に壁を漆喰で塗り、からし色のカーペットを敷きました。そのほかにも、木材部分を茶色に塗り直すなど、いろいろ手を加えています。この家を借りてから日が浅いので、まだまだ途中段階ですが、今後も少しずつ部屋づくりを楽しんでいきたいと思っています。

# 愛車

　2005年からずっと所有している愛車「三菱 デボネア」。この車体は昭和59年式ですが、昭和39年の登場からほとんど姿を変えずに生産され続けたため、実際の年式よりだいぶ古く見えます。と言っても、40年も前の車体なので実際に古いわけですが……。

　この時代のクルマは、現代のクルマの丸みを帯びたデザインとは真逆の、角ばったフォルムが特徴。高度経済成長期の臭いがプンプンする、野暮ったいところが気に入っています。これに乗って昭和の面影が残る場所へドライブに出かけると、気分は最高です。かなり燃費が悪いので、お金をばらまきながら走っているようなものですが（笑）。故障が多いので、維持するだけでも大変ですが、もはや家族の一員なので、最後まで面倒をみようと思っています。

［左］リサイクルショップで見つけた羽のはたき。昭和時代の高級セダンには欠かせないアイテムです。外からリアガラス越しにこれが見えるように、いつも後部座席の後ろに置いています。

［右］シフトレバーには、やはり水中花シフトノブが似合います。子供の頃にはタクシーでよく見かけましたが、現在でもトラック運転手や"威勢のいい若者たち"などから絶大な支持を得ています。

シートカバーは純正オプションではありませんが、形が合いそうなもの
をヤフオクで探して取り付けました。おそらく70年代物だと思いますが、
花柄の模様がいかにも当時っぽくて気に入っています。現代の感覚だと
白いシートカバーをするのはタクシーくらいですが、昭和時代はファミ
リーカーにも使う人が多かったのです。

## 車体も小物も高度経済成長期の臭いに満ちて

一輪挿しは観光バスに使われていた当時物で
す。雀の親子の置物は足がバネになっていて
身体が揺れるので、もともと車内インテリア
用として作られたものと思われます。

リアにはテールフィン（翼）が付いています。ト
ランクが長いのも今となっては特徴です。若
い友人に後ろ姿を見せると、「こっちが前みた
い」と、よく言われます（笑）。

# ファッション

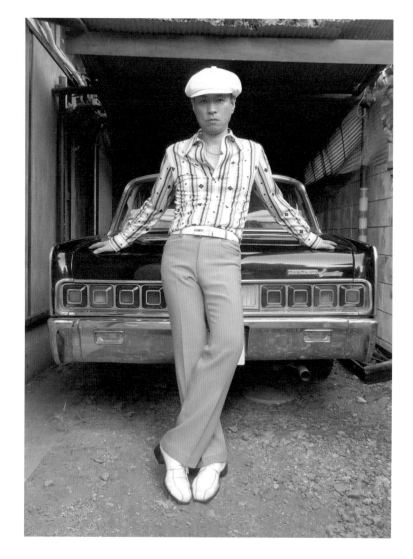

　ヴィンテージファッションに目覚めたのは18歳の時。今から37年前のことです。60〜70'sの古着を着るようになった理由は、たんに見た目がカッコイイと思ったから。

　そもそも、昭和に関心を持つようになったのも、もとをたどればファッションがきっかけでした。20歳になった頃から、60〜70'sファンが集う東京のクラブシーンに入り浸るようになり、

価値観の近い友人が少しずつ増えていきました。そして、仲間同士で刺激を与え合い、この嗜好がエスカレートしていったのです。当初は国内外問わず、その時代のファッションが好きでしたが、年齢と共にリアリティのある国産のほうがしっくりくるようになりました。

　スーツなどのカチッとした着こなしでは田宮二郎、着崩し方では萩原健一を尊敬しています。

上着は、ポリエステル製の「ポリシャツ」を好んで着ます。伸縮性があって着心地が良く、シワになりにくいのが大きな特徴です。形としては襟が大きめのものを好みます。柄は幾何学模様がメインです。

昭和時代のメンズファッションといえばやはり、ボトムスはスラックス。素材はポリがメインです。ノータックで、ストレートかややフレアになっているものがほとんどです。

# 60～70'sの古着から昭和趣味に入ったのです

スーツは、70年代物のシングル2つボタンを好んで着ます。ジャケットは襟がやや太めで、ジャストサイズのものが多いです。Yシャツは襟がワイドで高いものを合わせます。

ネクタイは100本以上持っています。近頃は昭和古着の相場が上がっていますが、古着に関しては一生分の服を若いうちから安値で買い貯めていたので、この先も安心です。

# 仕事

　僕の本業は古道具の仕入れ、修理、販売業。1999年から個人で経営しています。

　この仕事を始めたきっかけは、たまたま兄貴から中古のPCをもらったことでした。それまでの僕は、まともにアルバイトすらできないダメ人間でしたが、PCに触れて「好きなことを仕事にできる」と直感したのです。

　昔は収集癖（へき）がありましたが、この仕事は「買いたい」という物欲を満たせるため、気がつけば趣味にお金をあまり使わなくなっていました。僕の場合は結局のところ、古いものと戯れ（たわむ）ていられればそれでいいのです。そんなわけで、仕事部屋として使っている自宅の2階は、いつも商品が山積みです。実店舗があればいいのかもしれませんが、部屋にこもって仕事をするほうが性（しょう）に合っているのです。

[左]仕入れをした帰りのクルマの中は、いつも古道具でいっぱいになります。アバウトに積むと入り切らなくなるので、頭の中で空きの計算をしながら隙間なく丁寧に積み込みます。

[右]駄菓子ケースや全面ガラスケースなどの店舗什器（じゅうき）をはじめとする、ガラス使用の古道具も多く取り扱っています。割れている場合は、新しいものをガラスカッターで切って取り付け交換します。

壊れているものはどんなアイテムでも、できる限り修理をします。もっとも得意とするのは、ゼンマイ式の柱時計の修理。修理方法は独学です。壊れているものを安く仕入れ、修理してから売ると利益が大きいので、こうして主に修理で稼いでいます。作業は大変ですが、壊れて使い途のなくなったものを生き返らせたいという強い思いがあるので苦になりません。

## 趣味なのか仕事なのか、古いものと修理で戯れて

廊下の壁には修理を待つ柱時計がずらっと並んでいます。機械部品の欠品や致命的な問題があって修理が不可能なものでも、「部品取り」に役立つので処分せずに保管します。

手打ち式パチンコ実機も、修理を得意とするものの一つ。一見、難しそうに見えますが、古いものは基本的に構造が単純なので、根気さえあればなんとかなるものです。

# 休日

## 縁結び通り商店街

訪問日：2022年2月

その日は、埼玉県熊谷市（くまがや）の妻沼町（めぬままち）にちょっとした用事があって行ったのですが、目的地へ向かう途中で古い商店街を通りがかったので、帰りがけに散策してみることにしました。どうやら役目を終えた商店もちらほらあるようですが、創業から半世紀は経っていると思われるそば屋さんや美容室が、現役で営業中です。

それにしても、このあたりは人通りが少ないなぁ。散策しているあいだ、一度も人とすれ違いませんでした。ちなみに、「縁結び通り」という一風変わった名称の由来については、この商店街沿いにある高野山真言宗（こうやさんしんごんしゅう）の仏教寺院「妻沼聖天山（めぬましょうでんざん）」が縁結びのパワースポットらしく、それにちなんでいるようですね。

[左]何やらロボットのようなものが立っています。どうやら、タバコ自販機のようです。稼働はしていないようですが、どんなタバコが売られていたのか近づいて見てみると……。

[右]なんと！「ゴム」でした！(汗)。販売機はまぎれもなくタバコ用なので、中身だけチェンジしたようです。それにしても、縁結び通り商店街という名前にピッタリですね(笑)。

## マンガ喫茶　富士（閉業）

　静岡市の清水区を散策中に、休憩がてら寄りました。ドア越しに店内を見ると照明が点いていましたが、準備中の札が下がっていたので、しばらく待ってみることに。しかし、10分待っても20分待ってもオープンしません（汗）。これ、どうなっちゃってるのかな？

　そして、しびれを切らしてドア越しに店内を

ガン見すると、ようやくママさんが僕に気がついて出てきてくれました。「上の会社に用がある人かと思ってたわ」「お店が開くの待ってたんです（汗）」。するとママさんは札を営業中にひっくり返しながら、「みんな、勝手に入ってくるわよ」とボソッと言ったのでありました（爆）。なんか、気楽に話せそうなママさんだな（笑）。

[左]さすが、マンガ喫茶。マンガが置かれている喫茶店は多いですが、ここまでたくさん置かれているお店はなかなかないんじゃないですかね。本の黄ばみ具合に年輪を感じます。

[右]カウンターでコーヒーを頂きながらママさんとおしゃべり。開業は47年前になるそう。息子さんが跡を継いでくれず、少々お困りのようです。とはいえ、元気のいいママさん。

## 日宝堂　広告塔

　ドヒャー！　三重県の伊勢市駅前を散策中に、超ド級の70年代全開の広告塔を発見しました。お姉さんのイラストがサイコー。チューブトップにツバの大きな黄色い帽子をコーディネートしている感じが、いかにも当時らしいセンスでカッコイイ。横髪がちょっとだけ見えている感じや、すました表情もイイですね。

　ほかにも、文字がすべて金属の立体で表現されているところが素晴らしいです。きっと、もともとはネオン管が入っていたんでしょうね。よく見ると、取り外した痕跡があります。この広告塔がネオンでキラキラ輝いているところを、一度だけでも見てみたかったなー。「舶来品」というワードにも時代を感じます。

[左]広告塔の反対側は、デザインがまったく異なります。鶴と太陽のイラストに、昭和中期特有の品が感じられて凄くステキ。自分としては、反対側のお姉さんより、こっちのほうがツボです。

[右]ビル自体も竣工時のままのようで、昭和度が高いです。歩道屋根もスペーシーでカッコイイ。伊勢市駅の周辺には古い街並みが多く残っているので、昭和好きにはうってつけの散策スポットです。

\* \* \*

---

# 友人13人の
# 「昭和ファッション」

---

\* \* \*

# ファッションアイコンは野宮真貴さんとパティ・ボイド

**松尾レミ さん**
「GLIM SPANKY」
ボーカル/ギター

ヴィンテージファッション歴21年。雑誌『POPEYE』や『Olive』などを小学6年生の頃に読み、古着カルチャーに興味を持つようになる。好きな時代は1966〜71年。今回は、ヴィンテージ古着をいかに新しいファッションとして見せられるか、ということを意識してコーディネート。服は自分のアイデンティティを見せることができる、いわば"皮膚"なので、表現することが楽しい。ファッションアイコンは野宮真貴さんとパティ・ボイド。近頃は、ギターを変則チューニングで弾くことに夢中。

# サイケ〜フォークロア〜エスキモールックをイメージ

**大場雄一郎**さん

舞台用特殊照明
「OverLightShow 〜大箱屋〜」

ヴィンテージファッション歴28年。国内外の60〜70'sロックに影響を受け、当時のファッションを好むようになる。それに加え、昭和40年代の子供服の要素や、ちびっこ性も独自の視点で取り入れている。今回のファッションは、サイケ〜フォークロア〜エスキモールックをイメージ。当時の古着はタイトなつくりのものが多く、「痩せ型な自分でもジャストサイズで着られるところが魅力」と。ファッションアイコンはブライアン・ジョーンズ。戦前を含め、時代の系譜を感じさせるものが好き。P70、P144にも登場。

# ファッションテーマは「昭和元禄ジャズロッカー」

**鈴木隆浩**さん（54歳）
ショップ経営
「the other」

ヴィンテージファッション歴35年。モッズ〜ヒッピー〜ソウルファッションを経て、特に日本の昭和40年代、サイケからニューロックへ移行するあたりのファッションに行き着く。バンド、DJ、イベントオーガナイズなどの活動をしながら、当時の中古レコード、サブカルチャー書籍、電化製品からインテリア雑貨に至るまで、膨大な数のレアアイテムを収集。その趣味趣向は現在も進行中の、筋金入り昭和40年代マニア。ファッションテーマは「昭和元禄ジャズロッカー」。P136にショップが登場。

# 邦画「野良猫ロック」や「女番長」に登場するモブ

## アンリさん
ショップ店員
「métropolitain」

ヴィンテージファッション歴10年。昭和40年代の邦画、「野良猫ロック」シリーズや「女番長」シリーズなどに影響を受け、その当時の服を着るようになる。日々のファッションは、そういった映画に登場するモブ(セリフの少ない群衆の役者)をイメージ。古着の魅力は、当時の映画や雑誌の空気を自分で体感できるところ。不便だけれどユニークで尖ったデザインが愛しい。現在はクラブイベントでゴーゴーガールをしたり、当時の映画を見まくることに夢中。ファッションアイコンは范文雀。P138にショップが登場。

# ファッションアイコンは山口小夜子

**山田桜子**さん
俳優
「演劇実験室●万有引力」

ヴィンテージファッション歴15年。中学生の頃、かつて神戸にあった古着屋「猫まま屋」の看板に惹かれて入店したことが、おしゃれの原点。色とりどりの昭和雑貨や、現代にはない柄やシルエットの古着に魅了される。宝探しのようなワクワク感や、自分にピッタリの一着と出会えた時の歓びは、ヴィンテージファッションでしか味わえないこと。「自分だけのとっておきの一着に身を包んでいると、自然と自信が湧き、より魅力的でいられる気がします」と。ファッションアイコンは山口小夜子。

# 昭和40年代の「ゴーゴー喫茶にたむろするフーテン」

**マリアンヌ**さん（22歳）

ヴィンテージファッション歴3年。「ジャックス」などのサイケデリックロックをはじめとする60〜70's の音楽の影響から、当時のファッションにも興味を持つようになる。人と同じになることが嫌いな彼にとって、個性を主張できるところが古着の魅力だそう。日頃から昭和ファッションアイテムを探しているほか、最近は、昭和な暮らしをするための古い物件を探したり、ドラムを叩くことに夢中になっている。今回のファッションは、「昭和40年代のゴーゴー喫茶にたむろするフーテン」をイメージ。

# オータム系のカラーで秋のおでかけをイメージ

**菅沼朋香**さん
YouTuber

ヴィンテージファッション歴15年。純喫茶をはじめとする昭和40年代の文化に興味を持ったことから古着を着るようになる。今回のファッションは、オータム系のカラーで秋のおでかけをイメージ。チューリップハットは、遠足を意識したもの。昭和の古着は色や柄が豊富で、季節に合わせてコーディネートできるのが魅力。YouTubeで昭和レトロ系の情報発信をするかたわら、「ニュー喫茶 幻」というサイケデリックな喫茶店を月イチで開店。ファッションアイコンは麻丘めぐみ。

# イメージは宇野亞喜良のイラストに描かれた女の子

**鈴木和美**さん
フルーティスト

ヴィンテージファッション歴21年。レトロポップな花柄の食器や雑貨のデザインをはじめ、昭和40年代の文化に以前から関心を抱いていた。そして、昭和歌謡系バンド「サロメの唇(くちびる)」にフルーティストとして参加することをきっかけに、古着を着るようになる。古着の魅力は、自分だけの一枚を着られるところ。今回のファッションは宇野亞喜良の60年代のイラストに描かれている女の子をイメージ。現在、音楽活動のかたわら、昭和喫茶で提供されるナポリタンの味を攻略すべく、日々研究中。

# ファッションアイコンは尾崎紀世彦

**ヤマシタ** さん（28歳）

ヴィンテージファッション歴８年。以前から昭和40年代の服に興味があり、次第に自身で着るようになる。しばらくは古着を着ていたが、近頃はオーダーがメインに。今回のスーツもオーダーで、イメージは70年代ど真ん中。当時のスーツは大きめのラペルとフレアパンツが特徴だが、実物や写真を参考に大袈裟（おおげさ）にならないよう心がけている。パンツの裾（すそ）へ向かって広がっていく形にはどこかリラックスしたムードがあり、軽快な気分になれるのが魅力。ファッションアイコンは尾崎紀世彦（きよひこ）。

## ファッションアイコンは和田アキ子

**SUZU さん** (26歳)
「ザ・ハイマーツ」
ギター／ボーカル

ヴィンテージファッション歴10年。以前から60'sブリティッシュロックや
グループサウンズを愛聴していたことで、その時代のファッションにも興
味を持つようになる。当時の服は現代のものより質が良く、機能的なところ
が魅力。そして、とにかくカッコイイ。今回の服は、「ザ・ゴールデン・カップ
ス」の衣装を意識してオーダーメイドしたもの。映画は「不良番長」シリー
ズや「女番長」シリーズなど、昭和40年代の邦画が好き。ファッションアイ
コンは和田アキ子。

## 昭和40年代の「やさぐれ女」をイメージ

**マ口さん**
ナレーター

ヴィンテージファッション歴31年。中学生の頃に、テレビドラマ「俺たちの旅」を観て昭和40年代のファッションに関心を持ち、フレアパンツや柄シャツなどの古着を着るようになる。その魅力は、一点物であることや素材の良さ。今回は、昭和40年代の「やさぐれ女」をイメージ。ナレーターやMCの活動をするかたわら、マキシマムR＆Bでサイケなロックバンド「ザ・クロウリン・キングスネイクス」のボーカルとしても活躍中。ファッションの志向と時代は違うが、敬愛するのは笠置シヅ子。

# 「アイドルのお母さんが娘に手づくりした衣装」

**太田由貴子**さん（24歳）
昭和ファッションアドバイザー

ヴィンテージファッション歴5年。以前から昭和文化が好きでグッズを集めていたが、次第に古着にも関心を持つようになる。今回の服は「アイドルのお母さんが娘のために手づくりした衣装」をイメージ。日頃からSNSで古着ファッションを紹介しているが、近頃は昭和時代の生活雑貨も紹介している。投稿のコメント欄を通して、いろいろな人から懐かしいエピソードを詳しく聞かせてもらえるのが嬉しい。「自分もその時代に行ったような気分になれます」と。ファッションアイコンは浅田美代子。

## タイトなシルエットの70年代のOLをイメージ

**ミツキ・ミキ**さん
シンガー

ヴィンテージファッション歴16年。今回の服は70年代のOLをイメージ。以前から歌謡曲が好きで当時の衣装にも関心を持っていたが、好きなアーティストのライヴを観に60'sパーティーに参加したことをきっかけに、古着を着るようになる。当時の古着はシルエットがタイトなので、印象が上品なところが魅力。現在、子供の頃からやっていた歌手のリサイタルごっこを具現化したイベント「妄想リサイタル'83」をメインに歌手活動を行なっている。ファッションアイコンは山口小夜子。

＊　＊　＊

# 友人8人の「昭和ルーム」徹底解剖

＊　＊　＊

## 目に入るもの全部をサイケデリックに

# 大場雄一郎さん（東京都）

　筆者のホームグラウンドである、ブログ「昭和スポット巡り」にもたびたび登場して頂いて
いる大場さんは、一度「これだ！」と惹かれたものに対しては、とことんこだわる性格の持ち
主。その情熱と揺るぎない探究心を、心から敬服します。

　学生時代からサイケデリックに興味があり、音楽やファッション、インテリアなどすべての
もの選びに、その傾向があったのだとか。そして、その嗜好は趣味だけにとどまらず、サイケ
デリックカルチャーとは切っても切れない「リキッドライト」（舞台照明の一種）での演出を職
業にしてしまうほどの追求ぶりです。それゆえ、部屋にあるものは、当時のサイケ文化を感じ
させるものばかり。「自分の目に入るものが全部サイケだったら愉快。世の中のすべてがサイケ
になればいいのに」と、大場さん。現在暮らしているこの住宅は借家なのですが、いずれは物
件を購入して、昭和な部屋づくりをすると決めているそうです。

サイケで幾何学的な模様のファブリックがお
しゃれな、「マツダ」のロッキングチェア。身体
のラインに沿って座面やアームが緩やかにカー
ブしているため、座り心地が抜群。

メイン部屋の洋室には「ナショナル ウォール
ポケット」が。ポケットはすべてプラスチック
の一体成形で、秀逸な有機的デザイン。70'sマ
ニアのあいだでも人気のアイテム。

# 70'sマニア垂涎の
# プラスチック一体成形
# ウォールポケット

スペースエイジなフォルムの「ナショナル パ
ナソニック トランジスタラジオ クルン」。名
前のとおり、ボディを「クルン」とひねると、コ
ブラの首のように立ち上がります。

板張りの壁に備え付けられた棚には、お気に
入りの人形がたくさん飾られています。エス
ニックな民族衣装や、モヘアのワンピースを
着たポーズ人形は、友人からもらったもの。

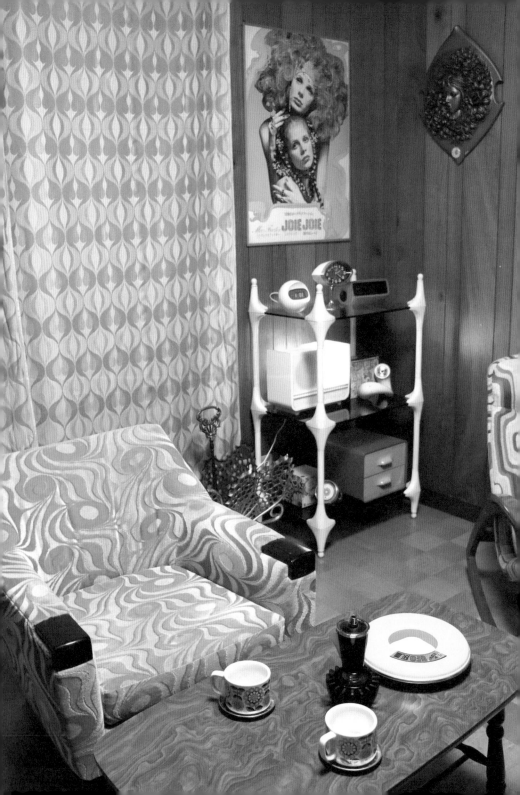

サイケデリックアートや、60〜70'sポップカルチャーを凝縮したような、当時らしいタッチの原画。骨董屋に飾られていたものを見つけ、店主に交渉して購入したのだそう。

上部にある4つのサウンドホールが蝶の模様になった、ヒッピーテイストのアコースティックギター。シェル型チェアは、小ぶりなサイズが国産らしさ。扇風機は「ナショナル」製。

## 貴重な本も多数 ヒッピーの本の装丁を 自ら手がけて

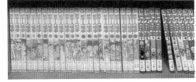

40年近く購読し続けているという『少年ジャンプ』のコミックスコレクション。『男一匹ガキ大将』『アストロ球団』などがズラッと並ぶ。すべて当時物ですが、どれも美品。

貴重本を発掘しながら、ヒッピーなどのカウンター・カルチャーを研究されています。上段左から2番目『ヒッピーのはじまり』の装丁は、大場さんが手がけました。

「昭和の魅力は、エネルギッシュなものづくりにある」と語る大場さん。12
畳ほどある広々とした台所も、昭和のエネルギーを感じ取れる優れたデ
ザインのアイテムで満たされています。ミッドセンチュリーデザインの
一本脚スタンドチェアは、肘置きが片側だけの珍しいもの。床には昭和色
を強めるために、からし色のカーペットが敷かれています。

## 昭和色の強い、からし色のカーペット

流し台は、扉や引き出しの取っ手が土星のよ
うな形になっているのがポイント。床には花
柄のスポンジマットが敷かれ、足元にレアな
「トヨクニ」の電気ストーブが置かれています。

「ターダ」のガステーブルは、20年近く前にデ
ッドストックの状態で購入したもの。五徳の
上にはサイケな花柄が入ったホーロー鍋や、フ
タのつまみがハトの形をしたヤカンが。

台の上には70年代物の「ブラザー」の電子レンジ(右)や「東芝」のオーブン(中)が。下にある円柱型の家電は「ナショナル」の餅つき機。どれもまるで新品のようにピカピカです。

スペースエイジなデザインの壁掛け式ドレッサーは、出かける前の身だしなみチェックに活用しているそう。食器棚の上には、スチール製の黄色い<sup>*</sup>蝿帳が置かれています。

## 注目すべき貴重なアイテム「蝿帳」

「小泉産業」のテーブルライトは、所有しているものの中でも特にお気に入りのアイテム。明かりを点けると、幾何学的な黄色いシェードの明暗が強調され、とても美しい。

来客の際は、昔からパッケージデザインの変わらない現行品のお菓子でおもてなし。「杉本屋 ハイミックスゼリー」(左下)をはじめ、眺めるだけで楽しめるものばかり。

*食べ残しなどに蝿が集まるのを防ぐために、食器ごと一時的に収納するケース。

70年代物の珍しい自転車たち。向かって左のは、ステップの上に立ちながら体重移動することで前進するもの。中央の赤は後輪が2つあり、足をハの字に開いて閉じてとやって進みます。右のは「ペニー・ファージング」と呼ばれ、大きな前輪の車軸にペダルが直結されています。どれも漕ぐのがちょっと大変そうですが、乗りこなせたら楽しそう。

## インテリア以外もレアな品々がいろいろ

レジャーグッズいろいろ。昭和マニアでもあまり着目していないパラソル付きテーブルセットを所有しているのが、大場さんの凄いところ。サマーベッドは70年代らしい色合い。

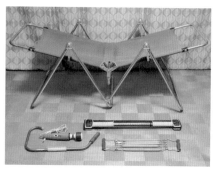

健康器具いろいろ。奥は、中高年であれば誰もが知る「スタイリー」。カタコトの日本語で「ワタシにデンワしてください　どうぞヨロシク」と言うCMはあまりにも有名。

風呂場の蛇口の上に貼られた「湯」と「水」のサインプレートが、昭和しています。花柄がプリントされたオレンジ色の洗面器や、この柄の風呂フタが大場さんらしいチョイスです。

脱衣所には、操作パネルの色合いがおしゃれな「東芝」の洗濯機、「ナショナル」の乾燥機が。洗濯機の上に置かれた洗濯洗剤「ライオン ピンキー」がサイケ調です。

# 風呂場も、脱衣所も、下駄箱も、サイケ調

玄関右手には、作り付けの下駄箱が。その上に置かれた6段の小引き出しは、正面に花柄の化粧板が張られた珍しいもの。床に置かれているのは灯油ストッカー。

下駄箱の上にはサイケチックな花瓶と、赤いラメの服を着たポーズ人形が。花瓶は、まるでリキッドライトのように、2つとない自由な曲線を描いていて、とても芸術的です。

## まだ5年とは思えない素晴らしいコレクション！

# レトラねこままさん（静岡県）

　昭和ブームの今、昭和グッズを集めて部屋に飾る人も増えたこの頃ですが、レトラねこまま さん（以下、レトラさん）のお部屋で特に注目すべき点は、家具や小物の配置の素晴らしさ。グ ッズを購入する際はまず、どこに飾るかをイメージするのが秘訣だそうです。

　レトラさんがこの趣味を始めたのは5年ほど前のこと。雑貨店でたまたま見かけた、昭和レト ロのコーナーにトキめいたのがきっかけ。時代と共に昭和時代のものが姿を消しつつある中 で、当時のものに出会えた時の感動がたまらないのだそう。そんなレトラさんの影響で、今で はご主人も一緒になって、昭和のグッズ収集を楽しまれています。

　アイテムは主にレトロ雑貨店やリサイクルショップなどで購入するため、お店の方の知り合 いも増えてきたのだとか。SNSを通じて仲間も増えたそう。この趣味を始めたことによって、 生活に様々な潤いが生まれつつ、いい変化が起きているようです。

アーチ窓がおしゃれな、観音開きの白いサイドボード。レトラさんお気に入りのグッズたちが、キレイに並べられています。中の棚に掛けられた花柄のレースがステキ。右側にあるのは、レトロポップな花柄のワゴン。サイドボードより少し背が低いので、デスクライトやヘッドマネキンなど背が高いものを置いて、見た目のバランスをとっています。

# サイドボードに美しく居並ぶ置物が壮観

この趣味を始めるきっかけとなった、雑貨屋で買った猫。プラスチック製ですが、顔だけブリキという珍品。こんなにカワイイ猫と出会ったら、連れて帰りたくなりますよね。

赤い毛糸のベレー帽やストールをまとった、猫の置物。コレクションの中でも、ごく初期に入手したもので、グッズ集めを加速させるきっかけになった、思い入れの強いアイテム。

79

*フロッキー加工の、ウサギの貯金箱。まゆ毛が下がり気味で、なんともいえない表情をしています。手に持った造花も昭和中期ならではのテイストで、とってもキュート。

ご主人が誕生日にプレゼントしてくれたという、犬のカトラリー立て2色セット。フルーツフォークを両手で抱えたり、背中に果物ナイフを立てたりできるようになっています。

# どこをとっても「キュート」が溢れ出る

色鮮やかな絵柄の、カップ＆ソーサーとスタンドのセット。絵柄をよく見ると、イチゴやトマトなどの野菜や果物が4つ重なっています。スタンドのクルクルした金物がおしゃれ。

リンゴを頭やお尻に乗せた、陶器製の女の子の置物。SNSで見かけて欲しくなり、インターネットで探して購入。表情から滲み出る70年代感が、たまらない。

*人形などの表面に「フロック」と呼ばれる毛羽を付着させ固定した加工方法。

猫形の、鏡付きタオルハンガーたち。動眼が使われた、バカっぽい顔(笑)がお気に入りだそう。鏡にいろいろな花のシールを貼って、より自分好みにアレンジしています。

状差しは「明治チョコレート」のノベルティ。いつか欲しいと思っていたら、偶然にも近所のまんじゅう屋で使われているのを見つけ、お店の方から譲ってもらったのだとか。

## 吊るし型芳香剤の昭和感に酔う

右は「パルファン」という品名の、吊るし型芳香剤。つる草模様の金物と造花の絡みが、昭和40年代全開です。左のほうは、形が少し異なるので、別の商品のようです。

フレームがおしゃれなテーブルミラーの前には、昔からデザインの変わらない化粧水「資生堂 オイデルミン」や黒猫カップルたちが、絶妙な配置で飾られています。

キャスター付きの花柄ポットワゴンは、透明ポール内の気泡がポイント。昭和レトロコレクターに人気の、赤色の「孔雀印 プッシュエアーポット」との相性もピッタリ。

ダイヤル式の電話機には、花柄のカバーが。この電話機の色は珍しいアイボリーですが、一般的だった黒はホコリが目立つので、カバーが重宝しました。右手にあるのは「収納缶」。

花柄花柄花柄花柄
花柄花柄花柄花柄
花柄花柄花柄花柄……

茶系ストライプがおしゃれなファブリックのソファは、リサイクルショップにて購入。メーカーは人気の「カリモク」。脇に置かれたサイドテーブルも、よく似合っています。

レトロポップな緑色の収納棚は、なんと、友人のハンドメイド！　棚には「アデリア」の復刻版グラスが並べられています。花柄のカウンターチェアとの相性もピッタリ。

ベッドの周りにもグッズがたくさん飾られていますが、お部屋にあるものすべてに目が行き届いていて、余分なものが一切ありません。壁にはウォールシェルフを取り付け、スペースを有効活用。ベッドの上に置かれているトラのぬいぐるみは、友人のハンドメイドだそう。当時物かと見間違えてしまうほど、70年代の雰囲気がよく出ています。

## 整然とした飾りつけのセンスも最高です

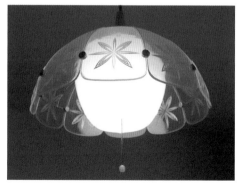

枕元のラックの上には、キラキラしたシェードのデスクライトが。ネットオークションで一目惚れして購入したそうですが、落札するまでにかなり競り合ったのだとか。

オレンジ色の透明アクリル製シェードがキレイな、「ナショナル」のペンダントライト。お部屋の雰囲気をいっそう華やかにしてくれます。花のような形の、幾何学模様がおしゃれ。

台所もレトラさんのセンスが光ります。花柄の壁紙やカーテンを使って、全体を明るい雰囲気に。シンク奥の窓辺に置かれた棚には、ポップな柄のホーロー鍋がキレイに並べられています。一つひとつしっかりとお手入れされていて、どれも新品のような輝き。洗剤はもちろん「ライオン ママレモン」。調味料入れが、いいアクセントになっています。

## ホーロー鍋ディスプレイ選手権堂々優勝！？

吊戸棚の扉に貼られたライオンや花のシールが、昭和な雰囲気をさらに盛り立てています。シールは当時物の未使用品でしたが、思い切って使ってみることにしたのだとか。

食器棚はコレクションケースとして活用。お部屋の中にグッズを置く場所も少なくなってきたので、いつかレトロなスナックを開業して、グッズをお店に飾ってみたいそうです。

## 築50年の木造アパートに昭和の部屋がつくられて

# 安間円香さん（東京都）
やすまどか

　サイケデリック・ロックバンド「夜光虫」のボーカル＆ベーシストとして、20年ほど前から都
内を中心に音楽活動を続けている安間さんは、筋金入りの昭和マニア。いや、マニアというよ
りは、もっと自然体な、根っからの昭和好きと言ったほうがしっくりきます。

　築50年ほどにもなるこの木造アパートに住み始めたのは、今から15〜16年前。それ以降、昭
和アイテムに囲まれた生活スタイルを一切崩さず現在に至ります。お部屋づくりについては、
「当時のものは自分に合うので、家具やインテリアは自然にその系統を選んでいる」と。この部
屋で暮らす以前から、音楽やファッションを通して60'〜70's文化に強い関心を持っていた安間
さんにとって、この部屋づくりは、肩に力が入っていない、ごく自然なものなのです。

窓際に置かれた小さな木製丸テーブルの上には、アンバーのガラス灰皿やスペースエイジテイストのデスクライトが無造作に置かれ、生活感が溢れています。肘掛け付きの折りたたみ式座椅子のストライプ柄は、一目で70年代物とわかる色合い。その上に置かれた花柄のクッションは、似たものですらなかなか見かけない貴重なものです。

## 水中花の栓抜きに痺れすぎて！（by編集者）

小引き出しは、ネットオークションで見かけ、一目惚れして購入したもの。その上には、戦前物と思われる古い空き瓶の一輪挿しや、「アデリア」の水差しが置かれています。

水中花の栓抜きは、かつて西荻窪にあった雑貨店で購入。左は、貝殻が入った珍しいもの。いずれも昭和40年代物だと思いますが、当時の雰囲気が凝縮されています。

インテリアショップで購入した鏡台（きょうだい）は、このお部屋に住み始めた当初から使い続けているもの。スツールは、垂直面に「絞り」が入っています。いずれも白と赤のツートンカラーがおしゃれ。

# そこかしこに効果的に現れる赤が魅力

お部屋の隅にあるラックの上には、*「ドリームペッツ」のシャム猫が。その下にある「モントワール」の空き缶は、この時代のデザイン性の高さをあらためて感じさせます。

天井に吊るされた布製フリンジシェードのペンダントライトが、お部屋の昭和感をいっそう引き立てています。色合いに加えて花柄の刺繍（ししゅう）もカワイく、安間さんお気に入りの一品。

*アメリカ「R.デーキン」社が1950〜80年代に製造した、別珍（べっちん）素材の、動物のぬいぐるみ。

引き出しの上縁が緩やかにカーブしているのが珍しい。丸い引き手の内側には、60年代の調味料入れのフタなどによく見かける、輝く星のような模様が入っています。

緑色の収納棚は背が高く、扉や引き出しが付いていて、使い勝手が良さそう。下段側面の半円カットは見た目がいいだけでなく、奥に手が届くように計算された機能的デザイン。

## カーブした引き出し、編みかごのテイスト、ディテールに引き込まれ

ビニール紐でつくられた、編みかごの裁縫箱。現在の感覚では和風なデザインに見えますが、ミッドセンチュリーの影響を感じさせる脚に、当時なりの海外の影響が見て取れます。

こちらのコーナーには、音楽活動に使用している楽器が。バイオリンベースや、「VOX」のセミアコを使用しているあたりにも、音楽を通しての当時へのこだわりを感じます。

こちらのコーナーには、昭和40年代前後のワンピースやブラウスがぎっしり掛けられています。花柄や幾何学模様など、おしゃれなものばかり。その下にあるオレンジ色の収納棚には、花柄のグラスがたくさん置かれています。安間さんと同じ名前（同じなのは読みだけ）のスナック電飾看板は、友人から頂いたもの。気の利いたプレゼントですね。

## こんなスナックなら飛んで行きます

今も稼働している「東芝」の扇風機。スタンド底面が四つ葉のクローバーのような形になっていたり、操作パネルが花柄になっていたりと、女性ウケするデザインになっています。

カラフルな花柄の「YAMATO」の体重計。今どきのヘルスメーターはデジタルで薄型ですが、やはり、昔ながらの目盛りが回転するアナログタイプのほうが、しっくりきます。

彩度の高い朱色のテーブルトップが目を引きます。赤のシュガーポットや、ポップな色合いの「ナショナル」湯沸かしポットなども色鮮やかで、見ているだけでクラクラします。

「東芝」のオーブンレンジ。この時代にカラフルな色合いのものが多かったのは、高度経済成長に伴い暮らしが豊かになり、未来に夢や希望を持てたことの現れなのでしょう。

# この4アイテムに動悸が早まり…(by 編集者)

昔懐かしい雰囲気の、ブリキ製の真っ赤なオイルポット。使い終わった調理油を網でろ過して再利用できます。持ち手がビニールワイヤーなところに、時代が出ています。

左側は米びつ。四角柱のものはよく見かけましたが、円柱型は珍しい。側面のカーキ色3段階グラデーションがとってもおしゃれ。右手の保存瓶には、梅が漬けられています。

赤い和紙が張られた竹編シェードの
ペンダントライトは、特にお気に入
りだそう。インテリアが和洋折衷に
なっていることで、昭和40年代感が
増しています。その奥には台所があ
ります。現代の住宅のキッチンは、ド
アや引き戸で仕切られているのが一
般的ですが、そこに障子戸が用いら
れているところにも、昭和の温もり
を感じます。

## 昭和の温もり、障子で仕切られた台所

お手洗いは、台所の奥にあります。壁の下部に
張られたタイルが、昭和時代ならではといっ
た感じですね。壁には60's系クラブイベント
のフライヤーが貼られています。

お手洗いの窓には、戦前のものと思われる福神
漬けのレッテルのほか、「エメロン」や「資生
堂」などのカラフルなパッケージの化粧石鹸
を並べて、雰囲気を明るくしています。

## 自販機から雑貨小物まで10年間で6000点を収集

# まさじろうさん（静岡県）

　まるで、お部屋が丸ごと宝箱！　右を向いても左を向いても、壁が見えなくなるほどたくさんの昭和グッズで埋め尽くされています。一見、ショップと見間違えてしまいそうですが、まさじろうさんのご自宅です！　眺めているだけで、時間が経つのを忘れてしまいそう。好きなものに囲まれながら暮らす、まさじろうさんのワクワク感が、ビシビシと伝わってきます。

　そして、驚いたことがもう一つ。お部屋に飾られたグッズたちは、どれを見ても新品のようにピカピカに輝いているのです！　その理由は、どんなに汚れたアイテムであっても、購入した時よりできる限りキレイにするよう心がけているためで、毎日のようにコツコツと何かしらを磨いているそうです。そんなキレイ好きなまさじろうさんが昭和グッズをコレクションするようになったのは、今から10年ほど前のこと。以来、その情熱は冷めることを知らず、気がつけば約6000点ものアイテムを所有するまでになっていました。

フリーマーケットで購入した、70年代物の「シチズン」の置き時計。スペースエイジな曲線のフォルムや、光沢のある文字盤がカッコイイ。値段はたったの300円だったそう。

まさじろうさんのお仕事は、塗装業。この陶器製の犬の置物は入手した時の状態が悪かったので、ご自身で塗り替えたのだそうです！　さすが本職、完璧な出来ばえです。

# さすが塗装業！
# なんと塗り直しを
# 自分でこなします

汚れた状態で入手した「ロッテ」のガム用陳列ケース。形が複雑なため、さすがのまさじろうさんもキレイにするのが大変だったそう。底面の、庇テントのような形が、とてもキュート。

「タイガー コメスター」(米びつ)も、側面の白い部分をご自身で再塗装。白色に、ほんの少しベージュの塗料を混ぜることによって、よりオリジナル色に近づけています。

初期の「ポラロイドカメラ」。正面の中央に入った5色ストライプが、いかにも70年代的デザインといった感じ。これを持って街を歩いたら、かなりのおしゃれ上級者かもしれません。

フロッキー加工の猫の貯金箱は、「東海銀行」のノベルティ。各色で顔やポーズが異なります。こんなにカワイイものがタダでもらえてしまうなんて、本当にいい時代でしたね。

## 「ハイ・ミー」のラックにクラクラきました

「ロッテ」のラックには復刻版のガムなどが。箱は店頭でガムの数が残り少なくなったものを探し、箱ごと購入。「味の素 ハイ・ミー」のラックには、復刻版の缶コーヒーなどを。

白いコスモス柄の、「アデリア」のグラスとピッチャーたち。これだけの数が揃っていると花畑のよう。グラスの形状には、いくつかのバリエーションがあります。

ポップな緑色の食器棚には、「アデリア」のキャンディポットやグラスが大量に飾られています。ここ数年は復刻版が人気を集めていますが、これらはすべて当時物です。

ピンク色の有孔ボードはデッドストック。サビやすい金具なのに新品の輝きです。手前にある氷削り機は、初代「タイガー きょろちゃん」。ハンドルを回すと目が左右に動きます。

## 電飾看板は実際に灯ると魅力がぐんと増幅

電飾看板はたんに飾るだけでなく、点灯するように配線されています。70年代物の「ナショナル」マークの看板が、クラクラするほど魅力的。テレビや電池などの商品名やイラストが含まれたものはたまに見かけますが、ロゴマークだけのものは、めったにお目にかかれません。手前にある「営業中」の看板との絡みが、最上級に絵になっています。

CIGARETTES

お部屋の中でも圧倒的な存在感を放っている(右ページ)、タバコの自販機。ただでさえ珍しいものなのに、電飾が点灯するだけでなく、コインを投入して実働するのですから驚きです。サビやキズなどもほとんどなく、状態も完璧。かなり高価そうですが、1万円もしなかったそう。窓内のサンプルの中に「CABIN85」があるので、80年代物と思われます。

## 内部の光で商品特性を訴求する看板はハイデザイン

「ナショナルエアコン 楽園」の看板。暖色から寒色までのグラデーション状のフィルムが、内部で回転し変化する光で冷暖房両用を表現。色でイメージが違って見えるのが面白い。

「大正製薬 サモンゴールド」の看板。六角形が連なる蜂の巣のような立体の網が張られています。網はメッキ加工されているため、明かりが網に映り込みとても幻想的。

まさじろうさんが昭和に関心を持つようになったのは、今から20年ほど前。たまたまテレビで見た大阪万博の映像に感動し「太陽の塔」を訪れたのがきっかけ。ケースの中には、そんなまさじろうさんの原点でもある、大阪万博のグッズが並べられています。入場券やパビリオンの券をはじめ、メダルや貯金箱など、どれも貴重なアイテムばかり。

## 昭和にのめり込んだきっかけは「大阪万博」の映像

所有する大阪万博グッズの中でも特に貴重なのが、この宝くじ。1枚だけでも珍しいのに、3枚綴りになっています。それぞれ色が異なるのが、気分をアゲてくれます。

大阪万博と「アデリア」がコラボしたグラス。双方のファンに人気のため入手困難度は高め。日本文化を強調した振袖のイラストと、洋風なグラスとの和洋折衷感が素晴らしい。

天板の色や模様に一目惚れして購入したダイ
ニングテーブル。購入した時はガタつきがあ
ったそうですが、グラインダーで鉄脚を少し
カットして解決。もはや職人です。

「不二家 ミルキー」の、店頭用ブリキ製ハンガ
ー。吊り下げられた造花のカゴもカワイイで
すが、本来は、カラーモールの手提げが付いた
ミルキーの箱を吊るすためのもの。

# 同好の士が集える
# 昭和レトロな雑貨屋を
# 開くのが夢

花柄や動物などのイラストが入った、色とり
どりのプラスチック製クズ入れたち。「カワイ
イなーと思って1個ずつ買ってると、増えち
ゃうんだよなー」だそうです（笑）。

この趣味を始めてから、共通の嗜好を持つ知
り合いが増えたそう。そんな気の合う仲間た
ちが集える昭和レトロな雑貨屋を、いつかオ
ープンさせるのが夢だそうです。

## 若干23歳の家電マニア! 独学でがんがん修理まで

# あまざけさん（千葉県）

「テレビは映らなければテレビじゃない!」。何かに惹かれてちょっと夢中になることなら誰にでもありますが、壊れた古いカラーテレビを自分で修理してしまうなんて、そうそうできることではありません。それも、家電メーカーのメカニックなどといった経歴があるならまだしも、あまざけさん（男性）はまだ23歳という若さで、独学でこなしているのです!　凄いですねー!　まさに「好きは努力に勝る」という言葉のお手本のような方です。

　そもそも、あまざけさんが家電に興味を持ち始めたのは、じつに3歳の時。その頃から家族で電気店へ買い物に訪れた際に、店員に頼んで家電の商品カタログをもらったりしていたというのだから驚きです。お母様の話によりますと、赤ちゃんの時に最初にしゃべった言葉が「でんき」なのだそう。これはもう、前世が家電好きだったとしか思えない天性の志向です。

ご自宅は1973年築の平屋住宅。応接間をコレクションルームとして使っています。あまざけさんが家具調家電の魅力に目覚めたのは、小学生の頃。当時、学校にあったセパレートステレオを見て、一目惚れしたのだそう。そして先日、念願叶って「パイオニア」の4チャンネル家具調ステレオを、ネットオークションにて購入。現在整備中だそう。

## 赤ちゃんの時に最初に口にした言葉が「でんき」…

昭和49～50年頃から自宅で使い続ける「ナショナル」のテレビ。経年により画面に「揺れ」が生じるようになってしまったけれど、コンデンサを新しいものに交換して症状を解決！

オープンリールテープのビデオデッキは「ソニー」製。1970年製の古いものですが、カラーです。購入した時点で状態が良かったので、分解掃除のみで元気に動作しています。

2台のテレビは、どちらも「ナショナル パナカラー」。左は65年製で、国産カラーテレビの中でもごく初期の貴重なもの。現在整備中。右は、コンデンサや水平出力トランジスタなどを交換し、整備済みです。テレビはただ修理するだけでなく、上面にレースの敷物、盃や生け花を飾るなどして、部屋づくりとしても楽しんでいるのがナイスなポイントです。

# 「ナショナル」のファンを
# 極め倒して

あまざけさんは「ナショナル」のファンで、ロゴが大文字だった時代のものが特にお気に入り。このサーキュレーターはデッドストックだったため、新品のような輝きです。

トランジスタ式振り子時計。ミッドセンチュリーテイストなデザインで、とってもおしゃれ。「ナショナル」は一流メーカーですが、柱時計は製造数が少なく希少価値です。

床はオレンジ色のクッションフロアで、竣工時から敷かれていたもの。古いテレビやステレオなど家電の魅力をいっそう引き立てています。現在では入手困難。

2台の扇風機は、いずれも「ナショナル 松風」。製造年は、左が1971年で、右が1972年。コンデンサを交換したほか、注油やグリスアップをしてあるので、動作は絶好調。

# ナショナルナショナル
# ナショナルナショナル
# ナショナルナショナル！

掃除機は、ロゴタイプが大文字時代の「ナショナル隼（はやぶさ）」。これを日常使いで掃除しているそう。円柱型のボディはフタの境目などが微妙にカーブしていて、近未来的なデザインです。

ほかにも「ナショナル」の掃除機を3台も所有。手前の黄色と中央の赤は、いずれも分解清浄済み。配線が切れていた奥の古いものは、修復して動作品になっています。

備え付けの棚には8ミリ映写機などの貴重な家電がズラリ。ここまで趣味を極めていると、昭和のどこに魅力を感じているのかが非常に気になるわけですが、その問いについてはひと言で「パワフルさ」だと。昭和が終わって30年以上が経過した現在でも、電化製品を通して夢や希望に満ち溢れていた当時の活気が、あまざけさんのような若い世代にも伝わるようです。

## 電化製品を通して当時の活気が若い世代に伝わる

「ナショナル」のラジカセは整備品を購入。付属のワイヤレスマイクで、離れた場所からでも声を録音できます。マイクはボディの右側にあるポケットへ収納が可能。

天井は2段になっていて、柄の入った天井ボードが張られています。部屋を暗くして壁に設置されているブラケットライトを点灯させると、さらに昭和の雰囲気を味わえます。

広々とした和室は、ご家族で日常的に使う空間。そのため、テレビやステレオなどのコレクションアイテムは、ふだんの生活に必要なのものだけが置かれています。この家は大工をされていたお父さんが建てられたもの。2つの部屋を仕切る襖（ふすま）は、重厚感のある高級な造り。その上には、城や松の木が掘られた味わい深い欄間（らんま）があります。

## リモコンでチャンネルつまみが回転したのです！

非常に珍しい「ナショナル」の超音波リモコンテレビ。リモコンの操作によって、手で触らずにチャンネルつまみが回転します。現存する動作品は、日本でこの1台だけかも！

テレビの上には、行きつけの「ナショナルショップ」から譲り受けたという、3種の「ナショナル坊や」が置かれています。木彫りのクマの置物も、家具調テレビと相性抜群。

4チャンネルの「テクニクス」セパレートステレオも、自身で修理をして現役活躍中。操作パネルの緑色に点灯する光が、昭和40年代ならではの雰囲気を醸し出しています。

ステレオについて、あまざけさんにいろいろとお話を伺っていると、さりげなくレコードをかけてくれました。曲は、荒井由実の「やさしさに包まれたなら」。さすがの選曲でございます！

# ステレオはパネルに見える緑の光にそそられます

このテレビは1974年製の「ナショナル パナカラー」ですが、ブラウン管を現代の液晶画面に取り替えたカスタム仕様。現代のテレビと変わらない機能で楽しむことが可能となっています。

あまざけさんは、70年代の国産旧車にも関心を持っていて、いつか「トヨタ カリーナ ハードトップ」（この写真）や「トヨタ コロナ ニューマークⅡ」などに乗ってみたいそうです。

驚愕！の昭和アイテムコレクター。ホーロー看板など総数不明

# 佐々木富和さん（愛媛県）

　驚愕のコレクション！　まるで、昭和レトロミュージアムと言っても過言ではない、いや、それ以上かもしれない、膨大な数の看板が並んだ、ご自宅の庭にある倉庫。

　愛媛県ののどかな町で農業を営みながら暮らす佐々木さんが、ホーロー看板や企業キャラクター物などの昭和グッズをコレクションするようになったのは、じつに30年も前のこと。友人からの影響で始めたそう。佐々木さんは、高度経済成長期真っ只中の昭和35年生まれなので、一番好きな時代は世代的に60年代。そのため、集めたアイテムにはその頃のものが多い。

　それにしても、これだけたくさんのコレクションがあると、アイテムの総数が気になるところ。しかし佐々木さんは、数のことはまったく意識されておらず、把握できていないのだそう。そのような力の入っていないスタンスに、底知れないコレクター魂を感じます。

赤い瓶の「カゴメケチャップ」は、白いハイライトで立体感を表現しているのが面白い。素人感覚では珍しいものに見えますが、コレクターのあいだでは常識のアイテムらしい。

頭上には、リアルに瓶が描かれた「コカ・コーラ」の大型看板が飾られています。色が少しかすれていますが、ホーロー看板は退色しないので、この看板は元の印刷の色だそう。

## レアなものが陰に置かれているのが凄いオーラを

「サンヨー テレビ」のホーロー看板が、チラっと見えます。こんなにレアなものが、惜しげもなくほかの看板の陰に隠れているあたりに、コレクター上級者のオーラが漂います。

「サンヨー 洗濯機」の、ドデカいホーロー看板。もう、クラクラするほど、高度経済成長期の空気が伝わってきます。洗濯機のイラストには、純正品と思われるカゴが。

電飾の突き出し看板は、しっかり点灯します。「たばこ」の看板は、かなりの年代物のようで劣化が著しいですが、それが味になっています。「黄桜」のほうは状態が良い。

黄色、青、赤というカラーリングが、いかにも昭和40年代といった感じの「光自転車」の電飾看板。その下にあるホーロー電傘の街灯が、ノスタルジック感を盛り立てています。

## 倉庫全面に看板群、重要文化財指定を熱望!

巨大な倉庫の全面に張られた、貴重な看板群。この倉庫をまるごと国の重要文化財に指定して、永久保存してほしいレベルです。「ビクター クレジット・ストア」の丸型電飾看板も、元気に点灯しています。「ナショナル坊や」のイラストが入った「ナショナル家電」の看板は、調子が悪いようで点灯しませんが、状態はとてもキレイです。

倉庫だけでなく家の中の部屋にも、たくさんのコレクションが並べられています！　壁が見えなくなるほど積み上げられた、駄菓子や石鹸などのブリキ製一斗缶たち。印刷の色具合やデザインが、どれも時代を感じさせるものばかりです。小さなものまで、一つひとつじっくり見たいところですが、そうやっていたら、何日あっても足りなさそう(汗)。

# ブリキ製一斗缶たちに心掴まれ（by 編集者）

昭和40年代頃の「カバヤ ビスケット」の一斗缶。ガラス窓が正面で、側面に商品の柄が印刷されています。インターネットで見つけて4000円しない価格で購入されたそう。

「雪印 アイスクリーム」のスタンド看板。少年のイラストのタッチや、パース無視の容器の描き方にその時代を感じます。もう少し大きいサイズのホーロー看板も存在します。

「ビクター テレビ」の手描き看板。街中にこれがあった光景を想像するとゾクゾクします。同じ看板がほかにも現存するそうですが、手描きなので、厳密に言えば一点物になります。

「ベビースターラーメン」のケースがカワイすぎる！　底面とフタ以外はプラスチック製。今では珍しいものですが、「昔は四国でよく見かけた」と、サラっと説明する佐々木さん。

# 「ベビースターラーメン」
# の透明ケースは
# ヤバすぎます！

「コーワ ケロちゃん」や「スズキ CCI坊や」などの、店頭用企業キャラクターたち。店頭に置かれていた時は、ずっと雨ざらしだったろうに。室内で暮らせて幸せそう。

「三菱 メル子ちゃん」。髪のリボンが三菱マークというのが、昭和らしいほのぼのしたアイデア。「サザエさん」に登場する「ワカメちゃん」にちょっぴり似ています。

ほかのお部屋にも、まだまだたくさんのコレクションがあります。手前には「月星靴」の「スーパージェッター」や、「フクスケ」の「怪物くん」の絵柄の箱が積まれています。奥には「フジカラー ジャンボマックス」の姿が。そのほか、「日本勧業銀行 のばらちゃん」や「エースコック こぶた」など、企業キャラクターのソフビもたくさんあります。

## 絵柄の箱、ソフビ人形……懐かしキャラが集結

「サンスター」の子供用歯磨き。パッケージには「オバケのＱ太郎」や「鉄腕アトム」など懐かしいキャラクターが。歯磨き粉にバナナやイチゴの味が付いているのがたまらない。

「カルビー 仮面ライダースナック」の段ボール箱。2つの箱は一見同じに見えますが、「スナック」の文字の位置が違います。右が前期だそう。個包装のビニール袋も所有。

中央の2つは、「フジマル」製のマンガ水筒「マッハGoGoGo」。登場キャラクターのサルの名前が「三平」なことから、ラベルに林家三平（初代）の顔写真が使われています。

サンタクロースの服を着た「ナショナル坊や」たち。10年ほど前から、コレクション活動のペースを落としているそうですが、このシリーズは、持っていないものを見つけたら欲しいそう。

## 家の裏にまでホーロー看板を貼る。ベンチも◎

旧「タカラ リカちゃん」のイラストが入った、「明治 ニューココア」の空き缶、3種。色合いが、いかにも当時らしい雰囲気です。表情やヘアスタイルも、見れば見るほどカワイイ。

自宅裏の壁には、「コカ・コーラ」や「オロナミンC」などのホーロー看板が。手前の「スプライト」は、自販機の後ろに張られていたため、奇跡的に新品に近い状態で残されていたもの。ベンチとの絡みもサイコー！

## 日本の文化を感じさせる昭和アイテムの一貫性が
# 御手洗水子さん（東京都）

　アングラ・ロックバンド「母檸檬」のボーカルや、雑芸レビュー団「デリシャスウィートス」のメンバーとして都内を拠点に積極的に活動する御手洗さんは、周りの誰もが認める根っからの昭和好き。小学生の頃から、どこか懐かしいものに惹かれていたそうで、「お祖父さんの骨董好きが影響したのかもしれません」と話します。

　そのことからもわかるとおり、お部屋にある数々の昭和アイテムには、戦前や昭和中期の日本文化を感じさせるものが多く、趣味や嗜好に強い一貫性を感じます。その個性は、本当に好きなものをシンプルに一つだけ持っている人にしか出し得ない、もはやこだわりという次元を超越した、御手洗さんそのものと言うべきものでしょう。

　それにしても、古着や小物など足の踏み場もなく並んだ昭和アイテムに、ただただ驚かされるばかり。これらのものは、主に古道具屋や古着屋で購入するそうです。

まずは、御手洗さんにこのお部屋での暮らしについて話を伺うために、座布団に座らせて頂くことに。水色地に入った彩度の高い赤い薔薇と蝶々の絵柄が、早くもヤバイです。

花柄のコップに入った冷たいお茶で、もてなして頂きました。そこには力の入ったところが一切なく、生活の中に昭和が自然に溶け込んでいるのがよく伝わってきます。

## なにげなく生活に溶け込む昭和

コタツの中央に置かれた陶器の灰皿は、友人からの頂き物。ですが、これを使うようになってから、水道管が破裂したり、ガス漏れがあったり、家の中で悪いことが次々と起こるようになったのだそう（汗）。もしかして、この灰皿に霊か何かが取り憑いているんですかね？（怖）。灰皿に書いてある「宇宙回転温泉」って、どんな温泉なんだろう？

このお部屋に引っ越してきたのは、今から20年前。壁や引き戸に貼られたいくつもの雑貨や切り抜きが年輪のように、その長い年月を物語っています。お部屋を埋め尽くすほど飾られたこれらの昭和アイテムは、コレクションしたものというより、生活する中で自然に集まったもの。たくさんの昭和グッズに囲まれていると安心するのだそう。

## そこかしこに貼られた20年間の年輪

車掌さんになれる「電車かばん」。かばんといっても紙ですが(笑)。中には切符が入っているそうです。東京タワーが描かれているので、昭和33年以降のものですね。

髪に巻く「ヘヤーベール」の台紙。「ヘアー」でなく「ヘヤー」なのが昭和ですね。ベールの花飾りがステキ。今、こういうファッションの女性がいたら、一目惚れしそう。

松竹映画「不如帰(ほととぎす)」のパンフの切り抜き。写真の若い2人が今にも心中しそうなところがお気に入りなのだそう(汗)。右には、大正から昭和初期のものと思われる「化粧タオル」の袋が。

男子学生の紙製ハンガー。美男子なので買ったのだそう。男から見ると、そうは見えないところが興味深い。店頭用と思われますが、何が掛けられていたのかは不明。

# マニアック
## かつ超ド級な
## レアアイテムの数々

こちらも、大正から昭和初期のものと思われる「チクマ セーラー服」の紙袋。この時代は「特製」というワードがよく使われたようです。右は、昭和20～30年代の薬入れ。

ショーケンとジュリーのチラシが。御手洗さんは甘い雰囲気の男性が好みなので、ジュリー派なのだそう。その下には「明治製菓」の景品、「ザ・タイガース」のソノシートも。

この文化人形、ずいぶん状態がいいと思ったら、なんと友人が作ったものだそうです！　目の色や洋服の素材など、どこから見ても既製品にしか見えない完成度に驚きです。

畳の上に積み上げられたアイテムの奥のほうに、ガラスケースに入った市松人形を発見。御手洗さんは、この人形のことを「紫乃ちゃん」と呼んでいるそうで、愛情が伝わってきます。

# 和！和！和！和！和！まだまだ和！

友人から頂いたという、アニマルプリントの布団カバー。水色のクマもカワイイですが、よく見ると小さなウサギもキュート。使用感がないので、デッドストックのようです。

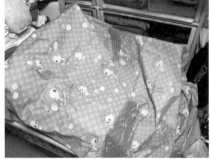

こちらのアニマルプリントは、以前、都内にあった老舗の布団屋で売れ残っていたものを見つけて買ったのだそう。バンビと一緒に遊んでいるのは子犬ですかね？たまりません。

部屋の中でひときわ存在感のある「ハマナカ」の店舗什器。近所の手芸店で実際に使われていたものを、廃業の際に頂いてきたのだそう。サイズが大きかったため、ご主人が台車に乗せて運んでくれたとか。もともとは毛糸などを収納するケースのようですが、洋服や小物などを入れています。側面の、立体成形の大きなロゴマークがポイントですね。JALのバッグもステキ。

## ハマナカ手芸糸の什器に悶絶（by 編集者）

それにしても、物凄い数の昭和アイテム。掛けてある洋服の後ろには押入れがあるようですが、足元にいろいろなものが積まれているため、奥に手が届かなそうです（汗）。

ガラス戸の付いた棚の中には、「キューピー人形」などのソフビ人形や赤ちゃん用のオモチャなどが、ぎっしり詰め込まれています。さすがにもうこれ以上、入らなそうです（汗）。

右手には、台紙付きパッチン留めのデッドス
トックが2つ並んでいます。左の赤い髪の女
の人のヘアスタイルがカワイイ。その左側に
木製の古い状差しが掛けられています。

紙の着せ替え遊びは、当時の女の子のあいだ
では、ままごとと並ぶポピュラーな遊びだっ
たのではないでしょうか。同世代の男の子の
遊びは、怪獣の人形かミニカーですかね。

## 時をかけ
## 昭和の少女が
## 舞い降りて

細野みち子さんによる少女のイラストがプリ
ントされた、昭和40年代のズック入れ。当時
の僕はこの時代のイラストのカワイさを理解
できませんでしたが、今は深くわかります。

自転車キーのプレートに書かれている「純喫
茶カトレア」は、御手洗さんが名付けたこのお
部屋の名前。いつか本当に純喫茶やスナック
を始められたらと夢見ているそうです。

## 究極のマニア道! 昭和ラブホテルの回転ベッドが

# 那部亜弓さん（千葉県）

　昭和ラブホテルへの愛の深さのあまり、自宅に回転ベッドを設置してしまうという、とびき
り個性的な感性を持つ那部さん。おそらく、そのようなことを成し遂げてしまう人物は、ほか
にいないでしょう。いや、それ以前に誰も思いつかないでしょう（笑）。しかも、女性です。那
部さんの話では、以前リビア国に、日本製のラブホテル用ベッドを輸送し、自宅に設置した奇
特な人物がいたそうです。しかし、少なくとも日本では初めてのことではないかと。

　この回転ベッドは、かつて都内の巣鴨にあったラブホテル「シャトー すがも」で実際に使わ
れていたものを、閉業の際にオーナーに相談して譲り受けたもの。それにしても、直径が2・5
メートル近くもある巨大なものを、いったいどうやって運んだのでしょうか。その経緯を伺え
ば伺うほど、那部さんの回転ベッドへ向けられた熱意がジワジワと伝わってきます。

分解したとはいえ、ブツはまだまだ巨大です。これをどのようにして搬出するかが難関でしたが、「なんでも屋」という便利な業者があることを知り（笑）、搬出作業を依頼。

ここから、運搬の記録を。まずは現場での分解作業。那部さん自身やオーナーなど、3人がかりで作業を進めます。木製の枠を取り外すと、ベッドを回転させるための機械が露わに。

# 巨大なベッドの搬入プロセスが熱い！

自宅までの運搬は順調でしたが、ここで問題が発生。なんと、ブツが大き過ぎて建物の廊下を通過できないことが判明（汗）。やむをえず、2階からロープで吊り上げて搬入する作戦に出ます。

無事に部屋まで運んだブツを、一つひとつ順番に組み上げていきます。回転ベッドは意外にも細かな部品が多く組み立て作業が大変ですが、ここまでくれば完成もすぐそこ。

数々の苦難を乗り越え、ようやく自宅部屋に設置完了。モーターなどの回転装置は、重量などの問題があり装着できなかったため、回転はしません。ですが、ラブホテルのオーナーから譲り受けなければ、この回転ベッドは廃棄されていたはずで、世の中から姿を消しつつある回転ベッドを保存できただけでも、十分に意義のあることです。

## 回転はしないけど歴史的な価値は十分

コントロールパネルの塗装の剥げ具合に年輪を感じますが、それと同時に「アソコを触った手で、どれだけの人がこれに触れたんだろう」などと想像してしまいます（大汗）。

昭和ラブホテルの魅力は、日本人特有の美意識と言える「侘び・寂び」の趣にあるという那部さん。日頃からラブホテル巡礼活動をする中、備品集めもされています。

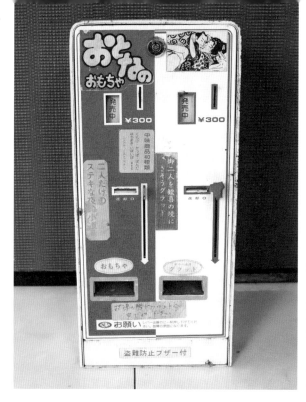

大人のおもちゃと「愛の小道具 グラッド」の自動販売機。おもちゃのほうに貼られているシールを見ると「中味商品40種類　くらげ、かっぱ、ぱんだ、はちまき、いぼいぼ……etc」と書かれています。「くらげ」や「いぼいぼ」は、どんなものかなんとなく想像できますが、「はちまき」ってなんですかね？（笑）。300円という値段は、今の感覚だと安い気がします。

## ベッドを引き立てる周辺アイテムのアダルト感

ドアにアーチ窓が付いた「サンヨー」の小型冷蔵庫。サイズ的に個室用ですし、色や柄の雰囲気もアダルト感満点なので、ラブホテル用として生産された機種だと思われます。

ダイヤル中央にあしらわれた女性の横顔がアダルトな雰囲気で、この部屋にピッタリ。この電話機は「ナショナル」が70年代に販売していた商品で、色は緑のほかに白が存在します。

かつて、川崎にあったホテル「迎賓館」の椅子。念のためですが、那部さんのこの部屋はラブホテルを経営するためにつくったものではありません（笑）。趣味の撮影スタジオとして活用中。

味わい深いフォントで「お願い」が記された、アクリル製のプレート。これらの備品は通常、廃業の際に捨てられてしまうものなので、庶民文化的な資料としての価値がおおいにありそうです。

## 小物コレクションも庶民文化資料の価値大

かつて、大阪の難波にあったホテル「ローラン」の個室ドアに取り付けられていた、点灯式のルームナンバー。金属製のフレームには装飾が施されていて、とても高級感があります。

「社団法人 日本自動車旅行ホテル協会　会員証」の金属プレート。こういったホテルの関連アイテムまでくまなくコレクションしてしまうのですから、その熱意に頭が下がります。

かつて、東京・小岩にあったラブホテル「赤い靴」の案内プレート。上段の「ファッションルーム」という表記が興味深い。ファッションというワードはヘルスやサロンなどにも使われますが、どれも直訳すると意味が違ってくる、アダルト業界ならではの表現といったところでしょうか。部屋の写真はフィルム状になっていて、裏側から差し替えが可能です。

## 小岩のラブホ「赤い靴」の忘れ形見がここに

個室ドアのルームナンバー。これも、ホテル「赤い靴」で実際に使用されていたもの。中に市販のライトを入れ、点灯している状態を再現すると、リアルさが倍増します。

モーテルの車庫に設置する案内看板。文字のバランスが悪いところが、昭和らしく魅力的。同じ文字でも形が微妙に違うので、ある程度は手作業でつくられているようです。

マッチコレクション。今や
ほとんどがライターなので、
マッチは貴重です。モーテ
ルが「カーホテル」や「モー
ターリストホテル」と表記
されているのが興味深い。

かつて浅草にあったホテル
「ローラン」で使われていた、
部屋案内パンフレット。全
部屋の内装コンセプトがカ
ラー写真と共に紹介されて
いるので、資料的価値も高
そうです。

# 昭和ラブホテル遺産、エアシューターカプセル所有!

女性像と中世ヨーロッパ風の飾り柱で、ゴー
ジャス感を演出。いずれも本来は芸術作品で
すが、回転ベッドに添えるとなぜかエロアイ
テムに見えるから不思議です(笑)。

店員と対面せずに、部屋で会計ができる「エアシューター」の
カプセル。空気圧で自動的にフロントへ代金を送ってくれま
す。そして、お釣りや領収書が折り返し部屋まで届きます。

### レトロ雑貨
# グランプリーズ（東京・高円寺）

お店のコンセプトは「大人にとっては懐かしい。子どもにとっては新しい。僕にとってはカッコE。私にとってはかわいい。そんなナウでヤングなお店、グランプリーズ☆」。大人から子供まで、幅広い年齢層に対応した品揃え。レトロ雑貨や古着のほかに、ハンドメイド品も取り扱っています。「昔、私たちにたくさんの夢を与えてくれた、近所の駄菓子屋のような、そんなお店になりますように」と願う、誰もが気軽に立ち寄れるショップです。

[左]布製フリンジシェードのペンダントライト。当時物かと思いきや、近年、現役の職人さんによってつくられた新品だそうです。でも、最近は受注がストップしているとか。

[右]貴重なポンポンののれん。ほかにも、紐製のものやプラスチック製のビーズのれんなど、のれん系商品が充実。昭和な雰囲気にしたい人には、うってつけのものばかり。

# 自分が夢をもらった、駄菓子屋のような店を目指して

薔薇などの花柄がプリントされたお皿やトレー。このお皿に料理を盛り付けたら、食卓が華やかになりそう。指輪やイヤリングなどのアクセサリーを置くのにもいいかな。

食器棚の中には、ポップな色合いの花柄やキャラクター物のグラスがズラリ。立てかけられた柄物の生地は数十メートルあるので、カーテンやテーブルクロスなどにも使えますね。

ニットキャップやキャスケットなど、昭和ファッションにピッタリの帽子がたくさん。古着(ふるぎ)も多く取り扱っているので、併せて買えますね。ヘッドマネキンは非売品。

昔、駄菓子屋などで見かけた10円ゲーム(10円玉を弾いて遊ぶゲーム)が店頭に置かれています。当たると景品の棒が出てきて、店内の商品と交換できるという本気な感じ。

レトロ雑貨 グランプリーズ
東京都杉並区高円寺南3丁目2-13-1階
定休日:水、木　営業時間:13〜20時

# the other（名古屋）

今年でオープン30周年を迎えた、名古屋・大須の、ヴィ
ンテージクローズショップ。モッズ、サイケ、ヒッピー
といったカウンターカルチャーに影響を受け、ヨーロッ
パ・アメリカ・国内の、古着、アクセサリー、雑貨等を
独自の観点でセレクトし取り揃えている。オープン当初
から一貫したスタイルで、服のみならず、音楽、サブカ
ルチャーにも精通し、常に名古屋のクラブシーンをけん
引してきたショップとしても、全国的に知られている。

[左]小物のコーナーには、ヴィンテージ「イ
ヴ・サンローラン」のショッキングピンクの
パンプスや、US物のカラフルなネックレス
などが並ぶ。70年代の雑誌『an・an』も。

[右]金属の大きなロゴマークがおしゃれな、
黒レザーの「ピエール カルダン」ショルダー
バッグ。ネックレストルソーに掛けられた、
ゴージャスなネックレスもステキ。

# 服＋音楽＋サブカルでクラブシーンをけん引

おしゃれなモンドリアン柄のＡラインワンピースは、この店のオリジナル商品。赤いタートルネックとの相性もピッタリです。ストレッチ素材なので、着心地も良さそう。

カラーデニムのベルボトムも、ショップオリジナル。股上が浅くベルトループの幅が広いので、太めのベルトを合わせたい。色は赤、エンジ、緑。ノーマルのデニムもあります。

ロングヘアのマネキンに着せられた、プリーツの入った茶系のロングドレスが目を引きます。頭に巻いたスカーフもよく似合っているので、併せて購入するのもオススメ。

レジの脇にある棚にはポーズ人形がたくさん。「マックスファクター BAZAZZ」のダイアン・ニューマンのポスターは貴重な品。しかしながら、これらは非売品です。

**the other**
愛知県名古屋市中区大須3-42-6 播磨ビル1階
電話：052-269-3113　定休日：火・水　営業時間：12〜18時

# métropolitain （名古屋）

60'～80'sの古着や雑貨を主に取り扱うセレクトショップ
で、2004年オープン。ヴィンテージ物とはいえ、あくま
でも現代のファッションとして、普段着として、さりげ
なく着られるものを意識した品揃えを心掛けている。特

にワンピースと柄シャツは豊富。レディースがメインだ
がメンズも取り揃えている。ファッションが好き、古い
ものが好き、人と違ったものが着たい、という個性派に
オススメしたいショップです。

[左]イヤリングやブローチをはじめ、ブレ
スレット、ネックレス、スカーフ留めに便利
なスカーフホルダーなど、海外で直接買い
付けてきたアクセサリーが多く並びます。

[右]国内外から集めた色とりどりのスカー
フ。ヴィンテージファッションのコーディ
ネートに使いやすい、70～80'sのものを中
心にセレクトしている。お値段も良心的。

# 人と違ったものが着たい個性派ならココへ

国産の1970年代頃のワンピース(左)は、描かれたアールデコ調の女性がモダンでおしゃれ。東欧あたりの赤いチロルマント(右)など、海外の服も取り扱っています。

70〜80'sのレディースのセットアップは、休日のお出かけに向いたカジュアルなものから、通勤にも着れそうな落ち着きのある上品なものまで、常に豊富な品揃え。

レディースのバッグは、ヴィンテージファッションに似合うレトロなショルダーバッグや、使い勝手の良さそうなトートバッグなど、いろいろなタイプを取り揃えています。

いつも笑顔で迎えてくれる、オーナーの奥瀬さん。スラッと背が高く、とってもおしゃれ。着ているのは、かなりのレア物と思われる70年代物の「JUN」のノンスーツ。

**métropolitain**
愛知県名古屋市中区大須2-21-18 第二酒井ビル1F
定休日:不定休　営業時間:12〜19時

# レトロ古着

# ランデヴー（大阪）

今年で創業10年となる、昭和40年代の国産古着をメインに取り扱うセレクトショップ。レディース服をはじめ、メンズ服や子供服、アクセサリーやカバンなどの雑貨も豊富に取り揃えている。価格設定が低めなので入店しやすく、小さな子供から高齢者まで、幅広い年齢層に人気。「BASE」による通販も行っているほか、SNSでも問い合わせが可能なので、関西圏以外の人にも便利です。イベントなどへの出店も、地域問わず受付中。

［左］昭和40年代の、やさぐれ系のファッションに合う、グラデーションレンズの女性用サングラスがいろいろ。彩度の高い花柄のグラスや、タイピンも多数あります。

［右］入手が難しい、昭和40～50年代の女性用シューズが並ぶ。靴は消耗品なので、持っているもので間に合っていても、いいものを見つけた時は買っておきたい。

# 「BASE」による通販、SNSでも問い合わせOK

花柄や幾何学模様など、華やかな色合いのスカートが大量にあります。昭和レトロなスカートを探している時はここへ来れば、イイものがきっとすぐに見つかります。

朱色のベロアに黒のV字が入った、おしゃれなワンピース。ワンポイントで入った、赤い花がカワイすぎです。これを着て街を歩いたら、かなり目立つこと間違いなし！

店内の奥にはカウンタースペースがあって、夜になると「ヨッチナトル」という名のバーに変わります。昭和が好きな人だけでなく、たんにお酒が好きな人にもオススメです。

オーナーのマミさんは、もちろん根っからの昭和好き。いつも、昭和古着をおしゃれに着こなしています。ざっくばらんに話せる人なので、お店の雰囲気はいつも明るいのです。

レトロ古着　ランデヴー
大阪府大阪市北区黒崎町4－13 azitoビル1F
定休日：不定休　営業時間：14〜20時

# イベント

# 昭和あけぼのパーティー

僕の交友関係の多くは、クラブイベントで知り合った人です。そのため、アンダーグラウンドの話になってしまいますが、40年以上前から東京をメインに、60〜70'sファンが集うクラブシーンが存在します。

話は1990年にまで遡りますが、当時はクラブシーンの全盛期。年に一度の祭典「MODS MAYDAY」では「東京スカパラダイスオーケストラ」がメジャーデビューしたこともあって、2000人を超える集客があったと記憶しています。僕自身も翌年に「The Tickets」を結成し、かつて新宿にあった「JAMスタジオ」で毎月開催されていた*「MARCH OF THE MODS」に、「The Hair」や「Back Door Men」らと定期的に出演しました。その後、一緒にバンドをやっていた友人が、1996年にライヴバーを立ち上げます。それが、現在のアンダーグラウンドロ

ックの総本山として全国的に知られる、東高円寺の「UFO CLUB」です。

そのような長い歴史のあるクラブシーンに今、新たな波が起きています。それが、「UFO CLUB」で年に一度開催されるイベント「昭和あけぼのパーティー」。主催は、「GLIM SPANKY」や「Original Love」の田島貴男氏のライヴなど、多方面でリキッドライトを投影し活躍している、大場雄一郎さん。P57、P70に登場して頂いています。リキッドライトとは、1960年代にアメリカで生まれた舞台用特殊照明。ガラス皿の上で混ぜ合わせた色付きオイルを投影し、さまざまな模様や動的な写像を出現させる照明法です。このイベントでは、そんなリキッドライトを投影した会場に昭和ファンが集い、お酒を飲みながらDJやダンスを楽しみます。

*現在は渋谷「HOME」にて、3ヶ月に一度のペースで開催。

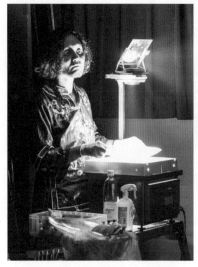

DJのサミー前田さん（「ボルテイジレコード」主宰）。ネオGSブームの代表的存在「ザ・ファントムギフト」や横山剣氏も絶賛の「エミとゲル」をプロデュース中。

スクリーンの裏側からリキッドライトを"射つ"、大場雄一郎さん。アナログで生のリキッドライトを投影するクラブイベントは、世界的に見てもこのイベントだけ。

# 幻想的な照明法、リキッドライトに浸る昭和愛好家

DJの鈴木やすしさん。和製R&Bバンド「ザ・トランプ」のリーダー。ムッシュかまやつ氏などのレジェンドとも共演。音楽誌『レコード・コレクターズ』にも寄稿。

DJのたかまるさん。「ソラトブ」の名で弾き語りやバンド活動を行なっている。現在、新作音源を準備中。大場さんのリキッドライト活動を創成期から見守る。

写真提供：林ユバ（左ページの4点と、右ページの右上と左下の2点）

DJをする著者。DJに関しては10年以上のブランクがあったが、このイベントをきっかけに、ゆるめに活動を再開。昭和40年代のムード歌謡、演歌、和製ポップスなどを好む。

DJの鈴木隆浩さん。90年代初頭から昭和40年代の国産レアグルーヴを発掘し続けてきた、パイオニアメンバーの1人。現在はマイペースでDJ活動を行なっている。

## 多彩なDJ、ダンサー
## 東高円寺の夜は
## 今、60〜70's

DJの大村社長さん。このイベントに出店している「レトロ雑貨 グランプリーズ」(P134)のオーナー。ツーピースバンド「ブラウン管」のドラマーとしても活躍中。

ダンサーの山田桜子さん（左）とアンリさん。昭和40年代からタイムスリップしてきたかのようなダンスでイベントを盛り上げる、ファッションリーダー的存在。

# 資料館

昭和の暮らしぶりを再現した住宅が常設展示された資料館は、各地にあります。
その中でも、特にクオリティが高いと思うところを2ヶ所、紹介します。

## 松戸市立博物館

　再現度の高さに大興奮！ 置かれている家具や電化製品、小物などの時代考証がしっかりとされていて、タイムスリップ感がハンパではありません！
　常設展示されている再現住宅は、高度経済成長期に造成されたマンモス団地の中でも代表的な存在として知られる「常盤平団地」。時代設定は昭和37年。居間には「ゆとりのある暮らし」を象徴するテレビやステレオが置か

れ、夢と希望に満ち溢れた当時の暮らしぶりが、見事に再現されています。現代の住宅には畳部屋がなくなりつつありますが、当時の団地はすべての部屋に畳が敷かれているのが一般的でした。そのため、洋風なテーブルセットでさえ、畳部屋に置くのが普通のことだったのです。今の感覚ではそれが野暮ったく映るかもしれませんが、その不完全さこそが昭和の魅力ではないでしょうか。

〒270-2252 千葉県松戸市千駄堀671番地
電話：047-384-8181　開館時間：9時30分～17時（入館は16時30分まで）
休館日・月（祝日の場合は翌日）・館内整理日・年末年始
入館料：一般＝個人310円、団体250円／
高校生・大学生＝個人150円、団体100円／中学生以下＝無料

# 昭和37年を見事に再現して
# 超絶のタイムスリップ感!

台所は現代のキッチンとだいぶ様子が異なります。鉄脚のダイニングテーブルセットが、この時代ならでは雰囲気を醸し出しています。その奥にある棚に置かれた炊飯器は、当然ながら保温機能が付く前のもの。右手の流し台周りは、給湯器が設置されていないシンプルな見た目。棚にはすり鉢やせいろなど、時代を感じさせるものがいろいろと置かれています。

有孔ボードの落ち着いた色合いや、左上にかけられたキッチンツールの持ち手が黒いところに、当時らしさを感じます。ガスコンロは一口タイプが2台置かれています。

ワンドア式の「ナショナル」冷蔵庫。この時代の冷蔵庫の普及率は10パーセント程度なので、当時としては贅沢品です。右手の台の上には、モダンな蝿帳(P75)が置かれています。

団地に木製の引き戸というところが、高度経済成長期ならではといった感じ。僕が住んでいた団地は昭和40年代の後半に、木製からアルミ製に交換されたと記憶しています。

風呂場には木製の浴槽が。ここまで古いと世代的に実体験がないので懐かしさというものはありませんが、この浴槽を日常的に使っている様子を想像するだけでゾクゾクします。

## ベランダからの夕暮れの雰囲気に衝撃を受け

再現されているのは室内だけではありません。このように外からも、当時の団地の様子を味わえるのが大きな魅力です。施設(外)の照明は控えめなので、部屋の明かりが窓からこぼれ、夕暮れ時の雰囲気です。このアングルは、個人的にもっとも衝撃を受けました。引き戸は鉄枠で、窓ガラスが「田の字」に分割されているのがポイントです。

玄関の外から室内を眺めたアングルも、大きな見どころの一つです。ドアをくぐるとすぐ左手に、市松模様の型ガラスがはめ込まれた、モダンな木製枠の仕切りがあります。これは、たんに見栄えを良くするためだけのものではなく、その裏側にある台所スペースが、玄関から見えないように設計されたものと思われます。木製の掛け鏡も相性ピッタリ。

# 部屋の外もまるで本物の再現性とスケール感

階段スペースも本物の団地としか思えない再現ぶりです。階段は子供たちの絶好の遊び場。僕が子供の頃に階段を使ったジャンケンゲームの「グリコ」が流行りました。

団地の外観は２階部までであり、施設がビル内にあることを忘れてしまうほど大きなスケール。タイムスリップ感を味わうのが好きな人には必見の、再現団地です。

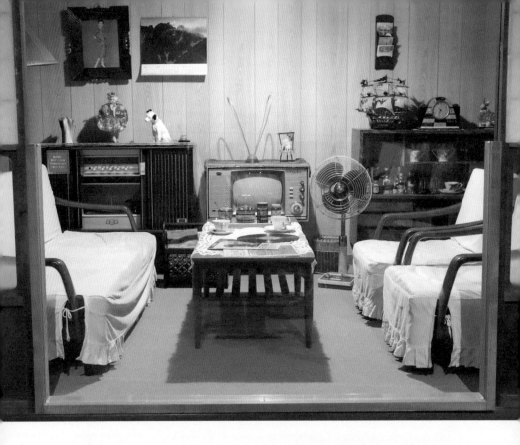

# 北名古屋市歴史民俗資料館
# 昭和日常博物館

　これぞ、和製ミッドセンチュリーモダンだ！
　時代設定は、昭和38年。昭和30〜40年代は高度経済成長に伴い、海外のデザインが急速に取り込まれていった時代。当時、アメリカで流行っていたミッドセンチュリーデザインが、日本でも流行します。この部屋もそういったアイテムがしっかりと揃えられていて、当時の雰囲気が見事に再現されています。アームチェアに掛けら

れた白いカバーや、センターテーブルに敷かれたテーブルランナーが上品でおしゃれ。
　住宅の造りについては、建具が雪見障子でありながら壁が板張りという、意図しない（と思われる）和洋折衷となっているところが面白い。昭和30年代は洋間がまだ普及していない時代なので、今の感覚では地味に見えるこの住宅も、当時としては先進的かつ贅沢な部屋です。

〒481-8588 愛知県北名古屋市熊之庄御榊53
電話:0568-25-3600　開館時間:9時〜17時(入館受付は16時40分まで)
休館日・月(ただし、祝日の場合は開館し、その日あとの最初の休日でない日)・館内整理日＝毎月末日(ただし、日or月の場合はその日あとの最初の休日or休館日でない日)・年末年始・特別整理期間　入場料:無料

# 建具が障子で壁が板張り
# 和製ミッドセンチュリーモダン
# の全容がここで一目瞭然

「東芝」のコンソールステレオが目を引きます。上に置かれた、陶器製の「ビクター犬 ニッパー」の置物や、ピンク色のドレスを着たフランス人形との絡みが絶妙。

壁には昭和前期あたりの八角時計が掛けられています。この部屋の中ではもっとも古いもののようで、この家庭で昔から使い続けている大切な時計という設定なのかもしれません。

こちらは別の住宅で、昭和39年の庶民的な暮らしぶりを再現したもの。赤ちゃん用の布団が置かれているので、若い夫婦が住む設定のようです。左側には、足踏み式のミシンが。当時は現代のように既製服がかんたんに買えなかった時代。そのため、洋裁をたしなむ女性が多かったのです。キャビネットの上には、薬箱や黒電話が置かれています。

施設内には、住宅以外にも
当時のいろいろな商店が展
示されています。こちらは、
角丸のガラス窓がおしゃれ
な理髪店。ドアの内側に掛
けられた、絞りカーテンが
懐かしい。

店の中までリアルに再現！
壁の下部にタイルが張られ
た店内に、どっしりとした
黒い理容椅子が2台設置さ
れています。鏡の前の棚板
には、ハサミやカミソリな
どの理容道具が。

## 理髪店に食料品店、すべて当時物でリアル再現

駄菓子から野菜まで、幅広
く取り揃えた食料品店。店
頭の「森永 ミルクキャラメ
ル」のホーロー看板をはじ
め、公衆電話やクーラーボ
ックスなど、すべて当時物
を設置してリアルに再現。

手前のガラスケースの中に
は、「PEARL」や「わかば」
などの、たばこが。奥のほう
には脚の付いたブリキ製の
大きな駄菓子ケースの姿も。
店内の隅々まで、じっくり
と眺めてほしい。

電気店には「日立」のテレビが。当時はまだまだテレビが普及していない時代ですから、このような店頭で、テレビのある生活に憧れを抱きながら眺めた人も多かったことでしょう。

真空管からトランジスタへ移行して間もない頃の、「ナショナル」「東芝」「三菱」のラジオたち。奥には、ケースが木製からプラスチック製となり軽量化が進んだ頃の真空管ラジオも。

# 電気店で「テレビへの憧れ」に感じ入る

プラスチックボディが普及した、昭和30年代後半あたりの「ゼネラル」「ナショナル」「東芝」の小型置き時計。奥には、「日立」のキッチンタイマーの姿も。

施設の地下には国産旧車が多数展示されています。こちらは、「日産 セドリック」昭和36年製。縦に並んだヘッドライトや、大きなフロントグリルがカッコイイ。

# 登場したみなさまの超絶なまでの 昭和没入愛・昭和探究熱に驚嘆

石黒謙吾

平山さんのブログ「昭和スポット巡り」を知って、その貴重な記録に心揺さぶられ、すぐさま「本をプロデュース・編集させて頂けませんか？」と連絡してお会いしたのは2014年。それから10年が過ぎました。

最初の平山さんの著書『昭和遺産へ、巡礼1703景』の刊行までは、企画を通すまで30社以上断られ、流れた月日は6年。しかし発売後は好評でまたたく間に5刷となり、2冊目の『昭和喫茶に魅せられて、819軒』を2年後に刊行。その1年後、こうして3冊目の本を出すことができました。

具体的な本の編集に入ると、著者の方とは連絡が密になるのが常なのですが、中でも平山さんとのやりとりの多さは、尋常ではありません（笑）。特に本書は、多彩な章立てで構成したということもありますが、とにかく、平山さんご自身の、内容やビジュアルのディテールへのこだわりがいい意味で凄くて、こちらもそこに最大限応えてデザインにも落とし込みたくなるため、膨大なすり合わせ事項が出てくるからです。

日々、膨大なLINEの往復、詰めの案件は時間を十分かけてのLINE電話。そんな時期は、誰よりもコミュニケーションを取る相手となります。そんな本づくりで伴走させて頂いて4年、日増しに、平山さんの心根のやさしさを痛感するようになってきました。本の中でよく「自分の好きなことに突き進む」的なニュアンスのことを綴っていますが、それはけっして、他者に

興味がないということではないのです。昭和を愛し、物を愛し、それと同等以上に、人を愛しているのだとわかります。その内面が見事に結実したのが本書です。

　じつは、刊行決定から取材終わりまでは、企画した僕自身が、ここまで濃い記録のかたまりのような本に仕上がるとは想像していませんでした。平山さんご自身のお宅やファッションは十分わかっていたからこそ推進させたのですが、友人のみなさまの、超絶なまでの昭和没入愛・昭和探究熱に、大げさではなく驚嘆しました。MACの前で写真を見て原稿を読み、見出しを付けるなど編集作業をしながら、「へー！」「すげー！」と一人で声を出しっぱなし。凄まじい情熱にこうべを垂れました。

　そして、蛇の道は蛇と言いますか、同好の士であるみなさまとの力強い結び付きにも大いに感じ入るものがありました。そこのハブとして平山さんの存在があるのだと想像もできます。

　ご本人は控えめでそのあたりはことさら強く打ち出すことはされないのですが、全国にいるこんなにスペシャルな方々に、信頼され取材にご協力頂けている事実こそが、平山さんの誠実なお人柄を物語っています。僭越ながら、長年、書籍をつくってきた者として、そこにも敬服した次第です。

　あ、平山さんヨイショ文になってしまった（笑）。でも思うがままに書きました。歴史に残るであろうこの本を、平山さんとご一緒に残せたことを、今、誇らしく思っています。

## ［おわりに］
# 音楽活動の挫折と「昭和活動」
# 好きなものを純粋に楽しむ大切さを痛感

　幸運にも、またこうして本を出す機会を与えて頂き、昭和に
まつわる活動も充実しつつある今日この頃ですが、じつのとこ
ろ僕は音楽活動に挫折した人間なのです。

　ギタリストとしてバンド活動を始めたのは15歳の時。それか
ら40代になるまでの約30年間は、"自称"ミュージシャンでし
た。経験したバンドの数は優に10を超えます。その間に経験し
た貴重なできごともたくさんあります。15年ほど前のことにな
りますが、「フラワー・トラベリン・バンド」のボーカルなどで
活躍された「ジョー山中」さんと、海外で同じイベントに出演
し、食事までご一緒させて頂いたのは一生の思い出です。

　その後、現在の昭和にまつわる活動と並行しながら音楽活動
を続けていた時期もありました。しかし、結果が出せないまま
の状態に、いつしか疲れを感じるようになってしまったのです。
　そして、今から10年ほど前に立ったステージを最後に、音楽
活動に終止符を打ちました。今思えば、「デビューしたい」とか
「音楽で食べていきたい」とか、音楽そのものとは別の欲望に惑
わされ、迷走していたのです。

　実際、ミュージシャン時代に知り合った友人の中には、売れ
ようが売れまいが、今でも生き生きとステージに立ち続けてい

る人がたくさんいます。そういった人たちを見ると、「自分には音楽を愛する力が足りなかったんだ」と思わざるを得ません。そして、そのような大きな挫折感を抱えながら軽い気持ちで続けていた現在の活動が、書籍を出版するという一つの成功を収めてしまうことになるのです。

　夢を追いかけて、いくら頑張っても成功しないのに、まったく頑張っていない気楽なことが成功するという、なんとも皮肉な話です。この経験から学んだのは、「結果を求めず好きなものを純粋に楽しむことが、いかに大切か」ということでした。僕はこれからも結果を求めず、「昭和」という、自分の好きなものを大切にしていこうと思います。

　最後に、いつも、企画・プロデュース・編集でお世話になっている、著述家・編集者の石黒謙吾さん、デザイナーの吉田考宏さんはじめ、出版社の代表である常松心平さん、および「303BOOKS」のみなさま、撮影や取材にご協力頂いた方々に、あらためて感謝いたします。

協力
松尾レミ
大場雄一郎
サミー前田
鈴木隆浩
鈴木やすし
鈴木和美
アンリ
山田桜子
SUZU
マロ
ミツキ・ミキ
菅沼朋香
ヤマシタ
太田由貴子
マリアンヌ
まさじろう
佐々木富和
レトラねこまま
那部亜弓
あまざけ
安間円香
御手洗水子
大村社長
たかまる
奥瀬
マミ

SPECIAL THANKS
ハータ
大ムラミキ
平山裕子
ユキコ
みれむ
亀工房
UFO CLUB
自由が丘デパート
物豆奇

# 平山 雄
（ひらやま・ゆう）

1968年東京生まれ。昭和好きが高じて、2005年に昭和中期に建てられた一戸建てを購入。家具や電化製品から小物類まで、すべてのものを昭和時代製で揃え、完全に昭和の家庭を再現して暮らしている。昭和へのこだわりは部屋づくりのみならず、ファッション、音楽、自動車、仕事など、生活の全域に及ぶ。休日は、昭和が体感できる飲食店や街並みなどを訪問し、ブログ「昭和スポット巡り」でレポートしている。訪れて記録したスポットは、47都道府県で2200カ所以上。著書に『昭和遺産へ、巡礼1703景』『昭和喫茶に魅せられて、819軒』（共に303BOOKS）がある。
「できることなら昭和時代へ戻りたいのですが、戻ることはできません。ならば、せめて自分の生活だけでも昭和で満たします」

STAFF

撮影・取材・文　平山 雄

企画・プロデュース・編集　石黒謙吾

デザイン　吉田考宏

校正　楠本和子（303BOOKS）

DTP　鈴木茉莉、古川貴恵（303BOOKS）

制作　ブルー・オレンジ・スタジアム

協力　松戸市立博物館
　　　名古屋市歴史民俗資料館 昭和日常博物館

2024年4月29日　第1刷発行

# 昭和ぐらしで令和を生きる
## 27人の［部屋・モノ・ファッション］403カット

発 行 者　常松心平

発 行 所　303BOOKS
　　　　　〒261-8501　千葉県千葉市美浜区中瀬1丁目3番地
　　　　　幕張テクノガーデンＢ棟11階
　　　　　tel. 043-321-8001　fax. 043-380-1190
　　　　　https://303books.jp/

印刷・製本　シナノ印刷

落丁本・乱丁本は、お取替えいたします。
本書のコピー、スキャン、デジタル化等の無断複製は
著作権法上での例外を除き禁じられています。
私的利用を目的とする場合でも、本書を代行業者等の第三者に依頼して
スキャンやデジタル化することは著作権法違反です。
※本書に掲載の情報は2024年3月1日時点のものです。


定価はカバーに表示してあります。
©Yuu Hirayama,303BOOKS 2024 Printed in Japan
ISBN978-4-909926-34-0　N.D.C.790　159p